Yoel Sardiñas

EL SECRETO DE APRENDER A INVERTIR

8 estrategias de inversión que
generan millones de dólares

El secreto de aprender a invertir

8 estrategias de inversión que generan millones de dólares

© Yoel Sardiñas
Todos los derechos reservados.

Dirección editorial: Rebeca González.
Diseño editorial: Marcos Pulgar.
Corrección de estilo: Joaquin Sousa, Mauricio Olaya, Rebeca González.
Producción editorial: Juan Carlos Barrios.

DR © Was Editorial, S. de R. L. de C. V.
Hacienda escolásticas 443 Jardines de la hacienda, Querétaro, Qro. 76180. México.
www.waseditorial.com

Primera Edición: diciembre 2023

ISBN: 9798322426318

Impreso en México / Printed in Mexico.

Dedicatoria

A mis hijos Valentina y Sergio por haber sido mi fuente de inspiración para escribir este libro y dejarles un legado.

A mi madre Santa por su amor y apoyo incondicional.

A mis hermanos por formar parte de mi vida y de este proyecto.

Al amor de mi vida, mi esposa Victoria por haber estado ahí desde el primer día que comenzó este proyecto sin siquiera saber que llegaríamos a ser compañeros de vida. Hoy eres una inspiración para mí.

AGRADECIMIENTOS

Agradezco a mis padres por haberme dado la educación que recibí y por haberme inculcado los valores con los que hoy convivo.

Agradezco a todos mis familiares y amigos que formaron parte en este hermoso y gratificante proceso para escribir este libro; por todos sus consejos, enseñanzas y tiempo que me compartieron.

Agradezco profundamente a todos aquellos que han sido parte del equipo de *Investep Academy,* porque sin ustedes nada de esto sería posible.

Agradezco a todos los que durante mi vida han estado para mí dándome su amor, amistad y apoyo.

A Dios y al Universo por haberme puesto en el camino hacia una vida llena de salud, amor, prosperidad y éxito.

Agradezco a este gran y maravilloso país Estados Unidos de América, del cual me siento orgulloso de ser ciudadano, por su sistema de libre mercado, su separación de poderes, y su libertad de expresión, religión y credo, que le da a cada ciudadano el derecho de vivir una vida digna.

ÍND

Í C E

PRÓLOGO

Estando en medio de un seminario en la ciudad Miami, compartiendo información de valor de negocios, en un ejercicio donde digo a las personas: "ve y agrega valor a alguien que no conozcas", una persona con mucha energía y una gran sonrisa, se me acercó y me dijo: "Spencer casi nadie te lo ofrece, pero yo quiero brindarte valor a ti". Sorprendido por ese acto de bondad —que por lo regular nadie hace conmigo durante este ejercicio— le dije: "¡claro que sí!, cuéntame". Me comentó que era dueño de algunos yates y que si no tenía nada que hacer al día siguiente, le gustaría regalarme un paseo en uno de ellos para descansar y disfrutar de una versión que, probablemente, no conocía de Miami. En ese momento no sabía si lo decía en serio, pero su sonrisa y conexión se veían auténticas, percibí que, efectivamente, estaba buscando agregar valor. Así que, intrigado, acepte la invitación. Algo dentro de mi corazón me dijo que no me iba a arrepentir de haber estrechado la mano de ese ser humano y dije que sí a la aventura que me estaba proponiendo.

Ese fue el día que conocí a Yoel Sardiñas, a partir de ahí iniciamos una increíble amistad. Juntos hemos hecho negocios y alianzas buscando siempre agregar valor. Algo en lo que él me ha ayudado es a expandir mi contexto en el mundo de las inversiones y hacerlo de una manera más inteligente.

Desde pequeños nos repiten con frecuencia la importancia del ahorro y la inversión, pero nadie nos explica claramente cómo funcionan ni cuáles son los alcances y consecuencias de estas acciones.

Invertir no es solo una oportunidad de hacer negocios y generar ingresos, realmente es una forma de alcanzar tus sueños, metas y libertad financiera. Si tienes el deseo de alcanzar tu independencia económica, debes saber que ahorrar es únicamente el primer paso, las inversiones te pueden ofrecer grandes rendimientos, pero tienes que aprender cómo hacerlas, los instrumentos disponibles, cómo manejar el riesgo y, algo no menos importante, estar listo para cambiar tu mentalidad con respecto al dinero.

El secreto de aprender a invertir, es un libro imprescindible para todos aquellos que quieren iniciar en el mundo de las inversiones en la bolsa de valores, y qué mejor que hacerlo de la mano de un experto.

Hablar de Yoel Sardiñas es sinónimo de energía, pasión y bondad. Es un hombre brillante en el tema de inversiones, sobre todo, se ha especializado en el mundo del mercado de valores de EE. UU. Ha desarrollado un sistema de estrategias muy efectivo que le ha permitido lograr resultados extraordinarios en sus finanzas. Definitivamente, conoce a fondo este tema y, en esta extraordinaria obra, plasma de manera sencilla y práctica los conocimientos que le han ayudado a lograr su gran éxito.

A los 23 años su inquietud por los negocios lo impulsó a abandonar su natal Cuba, 7 años más tarde comenzó su carrera como inversionista en la bolsa de valores y tan solo 3 años después alcanzó uno de sus más grandes sueños: su libertad financiera.

Aunque se ha especializado por más de 10 años en el mundo de las inversiones, también es dueño de varias compañías que le generan importantes ingresos pasivos. Además de ser un empresario exitoso es un ser humano con increíbles valores y con hambre de compartir al mundo todo lo que a él lo ha llevado a la cima.

En su seminario intensivo y los eventos gratuitos de *Inversiones Millonarias* comparte a toda la comunidad hispana de EE. UU. y Latinoamérica sus experiencias, y enseña de una manera sencilla como generar grandes ganancias a través de las inversiones.

Hay muchos libros para aprender a invertir, pero ninguno habla de esos pequeños secretos que podrían ser la diferencia entre perder, ganar poco o ganar mucho dinero. Así que, no importa si ya llevas tiempo invirtiendo o eres un principiante queriendo aprender, estas páginas te aportarán las herramientas y los trucos necesarios para llevar tus sueños a un escenario real.

Spencer Hoffmann
Empresario, conferencista y autor bestseller

"Por lo que respecta al éxito, a las personas no se les mide en centímetros, o en kilos, o en títulos universitarios, o trasfondo familiar; se les mide por el tamaño de sus pensamientos".

—John C. Maxwell

M i objetivo con este libro es transmitirte los conocimientos y experiencias que he adquirido a lo largo de varios años en el apasionante mundo de la Bolsa de Valores. Asimismo, compartir contigo cómo es que estas vivencias han transformado mi vida y la de toda mi familia, esperando que sean para ti una fuente de inspiración para crecer como persona y tener una vida más plena y próspera.

Después de haber tenido un largo camino de aprendizaje, investigar, educarme y conocer a fondo el tema de las inversiones, he tenido la oportunidad de desarrollar y experimentar muchas técnicas y habilidades que me ayudaron a ganar y a crecer de forma exponencial, disfrutando mucho de todo este excitante proceso.

Lo que estás a punto de descubrir podría hacerte pensar de manera diferente sobre el dinero en general e, incluso, cambiar tu vida para siempre.

He sido empresario desde que tenía 24 años y, con base en mi trayectoria, puedo explicarte paso a paso las estrategias que utilizo para lograr altas rentabilidades en inversiones, que van desde el 100 % hasta un 4,000 %.

Sin temor a equivocarme, me atrevería a afirmar que es casi imposible lograr rentabilidades en un negocio convencional tan altas como las que se obtienen en el mercado de valores. Dependiendo claro, de qué tipo y en cuál instrumento financiero hagas tu inversión.

A lo largo de mi vida, me he relacionado con muchos empresarios de diferentes ramas de la economía: transporte, alimentación, turismo, inmobiliarias, fábricas, industrias, hotelería, joyerías y empeños, entre otros; como si yo fuese un periodista, una vez que me ganaba su confianza les preguntaba acerca de sus negocios; siempre me llamó la atención el tema del retorno sobre la inversión inicial, o sea, la amortización primero de la inversión y luego las utilidades obtenidas; todos han coincidido que un buen negocio convencional deja rentabilidades de entre un 10 a un 50 % anuales, dependiendo de la suma de dinero que se haya invertido. Además, en la mayoría de los casos, toma varios años recuperar el total de la inversión inicial.

Por lo tanto, si realizas una inversión de cualquier cantidad y obtienes de ella un 100 % o más de rentabilidad sobre la inversión, sencillamente, estarías haciendo un magnífico negocio. Si a eso le sumas que lo puedes obtener en un lapso de entre una semana a 10 días —o muchas veces en el mismo día—, ¡sería algo fantástico!

Eso es lo que aprenderás en estas páginas, aquí no hay ninguna fórmula secreta para convertirte en millonario de un día para otro, pero si lees mi libro, te aseguro que encontrarás muchas herramientas y estrategias que te pondrán en el camino para serlo, todo depende de ti y de tu compromiso para lograrlo. Entenderás que no se necesitan grandes cantidades de dinero para hacer una fortuna, de hecho, puedes iniciar con sumas menores de lo que te costó este libro y con ello empezar a construir tu propio patrimonio.

No debes creerme, te invito a que lo pongas a prueba de la misma forma que hoy mis más de 4000 estudiantes de la comunidad del *Investep Academy* lo han hecho para obtener la vida que desean. Hoy son sus resultados los que confirman que este vehículo es real. Más de 250 personas llegando al millón de dólares en rentabilidades y cientos de *trades* semanales que pasan el dinero de la Bolsa de Valores de Nueva York a sus bolsillos.

Así mismo, verás que no tienes que ser economista o banquero, ni tener conocimientos sobrenaturales para poder lograr excelentes resultados. Una de las cosas que más me gustan de las inversiones es la libertad y flexibilidad que se tiene para hacer dinero desde donde quiera que te encuentres, solo necesitas una computadora y acceso a Internet; con estas dos simples herramientas y este libro, podrás cambiar la manera en que ganas dinero para siempre. Es lo que llamo "vivir la vida en tus propios términos", llevo haciéndolo varios años gracias a los conocimientos y el contenido que estás a punto de descubrir.

Mi intención es entregarte de una forma práctica y sencilla, estrategias concisas y específicas que te ayudarán a lograr éxito en las inversiones. Quiero que captes que el uso de estas herramientas y estrategias, son utilizadas por una minoría muy privilegiada para obtener grandes sumas de dinero, pero ahora estarán disponibles para ti también.

Antes de comenzar con el tema, quisiera detenerme un poco en los motivos que me llevaron a darle un cambio radical a mi vida y dedicarme por completo al mundo de la Bolsa de Valores, manteniendo solo los negocios que me generan ingresos pasivos, sin necesidad de estar presente. Fui dueño de distintos negocios, pero sin duda, uno de los que más me marco, del que más aprendí y del que más me decepcioné, fue en la industria del transporte. Doy gracias por todas las experiencias vividas en ese negocio, tanto positivas como negativas, que inclusive condujeron al deterioro de mi salud por un tiempo. Pero gracias a eso, hubo un despertar en mí que me llevó a dedicarme por completo al emocionante mundo del mercado de valores.

Uno de los aspectos más importantes a la hora de trazarte metas, es cómo debes organizar tus objetivos, me refiero a que, si primero no creas una estructura sólida tanto en tu vida personal como en tu vida laboral, te será muy difícil obtener buenos resultados. Más adelante hablaremos respecto al esquema que debes de crear para las inversiones.

No hay nada seguro en este mundo ni se puede predecir lo que ocurrirá en el futuro. Sin embargo, es posible tomar decisiones para reducir el riesgo. Uno de los principales consejos para las personas que desean invertir sus recursos es diversificar. Pero esta no es la única manera de tener más certeza, también hay que saber cómo elegir los activos financieros, que pueden ser bonos, acciones, fondos indexados, fondos mutuos, ETFs y opciones financieras, estas últimas son —por razones obvias que verás aquí— en las que me he especializo.

Este libro proporciona claves prácticas y enseña que no solo se trata de comprar y vender acciones y opciones, sino de comprender el sistema.

CAPÍTULO I

TU CREENCIA SOBRE EL DINERO

"La paz financiera no es la adquisición de cosas. Se trata de aprender a vivir con menos de lo que ganas, con el dinero que tengas de más, podrás invertir".

—Dave Ramsey

Todo lo que hoy puedas tener acumulado, ahorrado o ganado, tiene mucho que ver con tu manera de pensar y lo que haces con el dinero. Lo que opines al respecto tendrá un impacto significativo en tu futuro financiero y también en la toma de decisiones.

Piensa en retrospectiva, ¿cómo te sentiste en la infancia cuando recibiste por primera vez unos dólares?, ¿para qué querías ese dinero?, ¿qué hiciste con él? Quizá hayas comprado chocolates o tu juguete favorito, o tal vez, un juego de Monopoly. Todos tenemos opiniones y creencias muy diferentes sobre el dinero, no importa si somos pobres, de clase media o ricos, son esas creencias las que definen nuestro futuro. Saber si estamos actuando de la manera correcta o no, con respecto al dinero, hace toda la diferencia.

Te comparto un ejemplo: Mike Tyson, —uno de los boxeadores más formidables de todos los tiempos—, ganaba mucho dinero, de hecho, decenas de millones de dólares. Pero luego de un tiempo, ¡se declaró en quiebra! No solo gastó todo su capital, además se endeudó y debía impuestos. Puedes pensar que simplemente gastaba demasiado, pero no, la raíz del problema es que él en ese momento tenía cierta creencia sobre el dinero, lo cual causó un comportamiento que lo llevó a quedarse sin nada.

No obstante, la buena noticia es que las creencias sobre el dinero pueden cambiarse en cualquier momento, siempre que aprendas a identificarlas. Por suerte, después del duro golpe de verse sin nada a pesar de haber sido multimillonario, Mike identificó cuál había sido la causa de lo sucedido y cambió su opinión acerca del dinero. Ahora, luego de haber grabado varias películas y comerciales que le han proporcionado de ganancia algunos millones de dólares, nuevamente, se ha recuperado.

La mayoría de la gente cuando piensa en el dinero se enfoca en cómo gastarlo y qué comprar; es un sistema de creencias que les ha sido inculcado desde niños. Si realmente deseas crear y acumular riqueza debes tener un punto de vista diferente. Uno de los cambios más poderosos que puedes hacer hoy, es dejar de pensar en lo que puedes comprar y empezar a pensar en lo que puedes ganar con el dinero.

Lo diré una vez más: deja de imaginarte lo que puedes adquirir y considera lo que puedes ganar con ese dinero. Cuando lo gastas, desaparece y se pierde para siempre, no se encuentra en ningún lugar; entonces, de nuevo necesitas tener o hacer algún tipo de trabajo que te permita generar ingresos para reemplazarlo. Percibe al dinero como "la gallina de los huevos de oro": si piensas en lo que puedes ganar, opinarás de manera muy diferente respecto a cómo usarías un billete de cien dólares.

No creas que más dinero resolverá el problema, si no sabes cómo usar sabiamente cien dólares, ¿qué te hace pensar que sabrás usar mil, diez mil o cien mil dólares? El mundo está lleno de atletas, médicos, abogados, empresarios y profesionales con altos ingresos, ganan mucho y, sin embargo, una buena parte de estos, están en la quiebra porque tienen una visión equivocada del dinero. Eso es lo que está causando el problema, no es el dinero en sí, es su punto de vista sobre el mismo.

No te estoy diciendo que seas tacaño ni que vivas una vida de escasez. Me refiero a que visualices de otra manera: poner ese billete de 100 dólares en un fondo indexado que genere en promedio un rendimiento del 8 al 10 % durante un largo periodo de tiempo, dejando que el milagro del interés compuesto funcione para ti; podrías usar el mismo billete para comprarle el almuerzo a una persona exitosa, hacer buenas preguntas y buscar conocimiento;

o quizá, con este billete lograrías pagar un curso de superación personal para mejorar tu habilidad de comunicación y convertirte en un orador más seguro; con ese monto también te alcanzaría para algunos libros con los que puedas adquirir y acumular más conocimiento; es el mismo billete de 100 dólares, todo depende de ti.

Otra forma es "trabajar inteligentemente". Uno de los peores errores que comete la mayoría de las personas es intentar ganar más dinero empleándose más tiempo: si ahora tienes un trabajo de tiempo completo y quieres ganar más, las personas que te rodean te dirán que cubras el turno de noche o que vayas los fines de semana. Pero ganar más dinero negociando más tiempo, es un gran error.

Lo que realmente debes hacer es incrementar tu ingreso trabajando menos tiempo, sé que suena contradictorio, pero piensa en esto: actualmente estás trabajando en algo y ganas hipotéticamente trece dólares la hora; aunque es factible trabajar más horas para ganar más, hazte una pregunta diferente, ¿de qué forma serías más valioso?, ¿cómo podrías mejorar tus habilidades para ganar 15, 20 o 25 dólares por hora o más?

Aumentando el valor de ese bloque de tiempo —la misma hora—, estás ofreciendo más a la empresa o al mercado, por lo que estás ganando más dinero en ese mismo lapso, o mejor aún, en menos tiempo. Eso es trabajar de manera inteligente porque solo tenemos 24 horas, 7 días a la semana y 365 días al año. La única forma de aumentar tus ingresos con el tiempo limitado que tienes es conseguir ganar más por hora.

Te daré un ejemplo perfecto: digamos que tienes habilidad para crear textos publicitarios; antes —como redactor—, cobrabas 13 dólares la hora; ahora debido a este nuevo conjunto de habilidades escribes correos electrónicos promocionales para empresas y te pagan ¡300 dólares por escribir dos correos!, te toma en promedio una hora para escribir cada uno, ¡dos horas de tu tiempo en total! Nota que, en lugar de ganar 13 dólares por hora, ahora ganas ciento cincuenta, porque el valor que estás ofreciendo en comparación con el de antes es mucho mayor —más de diez veces—, de eso se trata agregar más valor al mismo tiempo de trabajo.

Buenos hábitos

Otro punto muy importante es que debes tener —o desarrollar— buenos hábitos. Cuando se trata de invertir, no necesitas técnicas sofisticadas ni complicadas, lo aprenderás más adelante en el libro cuando nos adentremos en el mundo de las inversiones de alta rentabilidad. En todo caso, debes partir de algo muy simple y probado; la mayoría de las personas adineradas que conozco invierten solo en cosas como: bienes raíces, un fondo indexado, el mercado de valores o en sus propios negocios; no persiguen lo más nuevo que ven en las redes sociales ni el último plan de inversión, se deciden por algo demostrado a largo plazo, como las acciones o las opciones cuando tienen los conocimientos necesarios.

Quizá no estés en condiciones de invertir en bienes raíces, ¡está bien!, aún estás ahorrando algo de dinero. Quiero que comprendas algo: cuando se trata de crear riqueza tu habilidad de inversión es algo muy crítico, pero lo más importante es tener disciplina. Imagina que tú y yo pudiéramos retroceder en el tiempo e invirtiéramos 1,000 dólares en acciones de Berkshire Hathaway Inc. —la compañía de Warren Buffett—, cuando se cotizaban a 20 dólares. Hoy las acciones clase A de esta corporación están alrededor de 452,000 por cada una, ¿sabes cuánto valdrían hoy nuestros 1,000 dólares? ¡Más de 22.6 millones!

Para la mayoría de las personas ganar 22.6 millones de dólares es virtualmente imposible, en cambio, invertir 1,000 ni siquiera lo piensas, no lo vuelves a ver hasta que un día despiertas y tienes 22.6 millones de dólares en tu cuenta. Quiero que pienses en ese número por un momento. Esa cantidad de dinero o cualquier otra que te propongas, ¡la puedes alcanzar!

La clave para crear riqueza es realmente muy simple, todo lo que necesitas hacer es ganar más dinero de lo que realmente gastas, ya sea, a través de una habilidad de altos ingresos, múltiples fuentes o un negocio escalable, ¡eso es todo!, luego tomas la diferencia —un margen—, e inviertes en algún tipo de inversión sólida durante un largo periodo de tiempo, no hay ninguna dificultad al respecto.

A la mayoría de las personas se les hace muy complicado porque no quieren realmente comprometerse con el proceso que conlleva lograrlo. Si ganas 35 mil al año y lo multiplicas por 40 años, obtienes 1.4 millones. Tienes más de un millón deslizándose entre tus dedos, pero simplemente, no te das cuenta, no existe el hábito de invertir, ese es el problema. En lugar de buscar la mayor inversión desarrolla los mejores hábitos para ello. No esperes a tener dinero, porque si hoy tienes poco y no estás invirtiendo, ¿adivina qué?, a medida que ganes más dinero tampoco lo vas a hacer; si estás ganando 1,000 dólares y no inviertes ni un dólar, ¿qué te hace pensar que cuando ganes 100,000 vas a empezar?, no va a suceder porque no tienes el hábito de invertir.

¿Quieres decir que lo que tengo que hacer es poner un poco de dinero a un lado?, y ¿eso es todo? ¡Sí, eso es exactamente lo que estoy diciendo! Algo que aprendí hace mucho fue a apartar como mínimo el 10 % de todo lo que ganaba, ahorrarlo inicialmente y después ponerlo a trabajar para mí; en otras palabras, hacer que ese dinero genere más ingresos y, a su vez, ese otro dinero produzca aún más; es un ciclo interminable porque tú seguirás ganando dinero y continuarás agregando ese 10 % a la cantidad que ya está generándote ganancias. Al paso de unos años, habrás acumulado una fortuna totalmente alejada del punto donde iniciaste.

Por cierto, este consejo de pagarme como mínimo el 10 % y ponerlo a trabajar para mí, lo aprendí del valioso libro *El hombre más rico de Babilonia*, de George S. Clason.

Volviendo a donde nos quedamos, la gente espera encontrarse con técnicas sofisticadas, sin embargo, cuando realmente estudian cómo funcionan las inversiones y de qué forma invierten los ricos, se dan cuenta de que no se trata de matar a la gallina de los huevos de oro para ir y comprar algo, lo que hacen es realmente sencillo.

Es muy interesante cuando entiendes cómo funciona el dinero, tienes el hábito de invertir y adquieres la disciplina, entonces te llega más dinero y no estás desesperado, al contrario, te sientes seguro. Es sorprendente cuando apartas un capital, de repente tienes más y dejas algo más al costado. Después, cuando continúes mejorando y actualizando tus habilidades, podrás ganar e invertir más hasta que puedas disfrutar de la vida. El dinero no va hacia las personas que más lo necesitan, le llega a quienes saben multiplicarlo; cuando comprendes cómo funciona, todo es sencillo. Otra cosa que puedes hacer como parte de tu proceso para entender cómo funciona el mundo de las inversiones es inscribirte a nuestro *Seminario Aprendiendo a Invertir*.

Rodéate de personas exitosas

Otro consejo es que te acerques a personas con ideas afines. No creo que las personas ricas sean amigas solo de otros millonarios, pero definitivamente quieren convivir con gente que tiene éxito, que está orientada al crecimiento y que es positiva. El problema que surge una vez que te comienza a ir mejor —hablo por experiencia propia—, es que sentirás que ya no encajas en tu círculo social, y probablemente comenzarás a buscar un nuevo grupo de amistades.

Puede ser que antes vieras las quejas como algo natural, pero si tus amigos, la mayoría de las veces, están actuando como víctimas, ahora encontrarás que esas cosas simplemente no tienen sentido, sentirás que esas conversaciones son una pérdida de tiempo, que no están hablando de desarrollo ni tratando de mejorar.

Cuando estás creciendo y tienes éxito, deseas rodearte de personas con ideas afines y hablar sobre problemas profundos; no quieres hablar del último chisme de alguien que ni conoces o de la última serie de Netflix. Por eso, cuando te juntas con otras personas exitosas aprecias que está bien, adviertes que tienen algo en común al hablar sobre cómo construir un negocio, la manera de tener impacto o resolver problemas de empresas o inversiones. Precisamente, esa es la razón por la que los ricos están dispuestos a pagar un precio elevado por pertenecer a un club de golf, un club privado o determinadas asociaciones: porque se rodean de personas exitosas con ideas afines.

Observarás como a medida de que tengas más éxito, tu círculo de influencia cambiará. De hecho, la otra forma de verlo es: si quieres acelerar tu crecimiento, lo primero que necesitas hacer es cambiar con quién pasas el tiempo o de quién te rodeas; no es que los ricos no quieran pasar tiempo con los pobres, sino que muy a menudo, estas personas tiene una mentalidad de escasez y la forma en que se comportan simplemente no les resuena.

Gana con un propósito

Algo que aprendí hace varios años fue cómo ganar dinero con propósito, tienes que admitir esto: si nunca lo aprendes, terminarás necesitando un trabajo diario y tu propósito se convertirá en un pasatiempo; si eso te parece una gran vida, me alegro por ti; si no es así, entonces necesitas encontrar un modelo para generar dinero que tenga sentido, uno que sea consistente, significativo, que pueda pagarte lo suficiente para dejar tu trabajo y tener éxito, hasta el punto en que estés proporcionando trabajo a otros y ayudando a más personas; verás que el dinero no es más que un subproducto de la creación de valor, a cuantas más personas sirvas y agregues valor en sus vidas, más éxito tendrás a largo plazo.

Como la gran mayoría, comencé desde abajo y luego encontré mi otro propósito en las inversiones de la Bolsa de Valores. Podrás hacer lo mismo y por sobre todas las cosas, darte cuenta de que el mundo de las inver-siones no es tan complicado como muchos piensan, eso sí, tienes que poner de tu parte para aprender, pero una vez que lo haces, todo lo que viene después son ganancias. Empe-zarás a ganar dinero sobre tu dinero, es decir, que el dinero trabaje para ti; incluso, si alguna inversión no te saliera bien —como puede llegar a suceder—, estarías ganando en experiencia sobre lo sucedido para corregir en el futuro.

Las inversiones comienzan a funcionar pau-latinamente, esto es parte del proceso. Tarde o temprano tendrás grandes ingresos y te darán libertad de enfocarte libremente en tu propósito. En mi caso me permitió crear *Investep Academy*, empresa que hoy mueve mi corazón y me permite dejar un legado al enseñar a miles de personas a apalancarse de este maravilloso vehículo financiero.

Independientemente del propósito que te mueva a ti, puedo asegurarte que aprender a invertir te permitirá tener los ingresos necesarios para cumplir cualquier sueño que tengas en la vida.

Aprecia tu tiempo

En nuestro nuevo mundo, no son los peces grandes los que se comen a los pequeños, es el pez más rápido el que se come al lento; el rápido es ahora el nuevo pez grande. La mayoría de la gente nunca se hace rica porque no valora su tiempo, piensa si quieres forjarlo rápido o tienes tiempo para hacerlo lento. Me refiero a que todos disponemos de las mismas veinticuatro horas del día, lo único que diferencia a las personas exitosas de las que no lo son, es lo que hacen con su tiempo. Si no te apuras, te olvidas incluso de intentar entrar en el juego.

En el mundo de las inversiones —presta mucha atención—, la mejor y la primera inversión que deberías hacer es invertir en ti mismo; no escatimes y estudia todo lo que puedas; en tu tiempo libre dedica tiempo al aprendizaje; lee la mayor cantidad de libros que puedas o escucha audiolibros sobre inversiones y crecimiento personal; sal de tu zona de confort, te lo digo por experiencia, nada bueno ni grande saldrá de ahí. Comprométete contigo a ser realmente exitoso, a dejar un legado de vida. Eso es como el precio de entrada para pasar por la puerta que te lleva al éxito, es lo que yo llamo desarrollar un buen hábito.

Hoy en día, es más fácil hacerse millonario gracias a la tecnología, la cual, ha llegado a nuestras vidas trayendo un mundo de posibilidades al alcance de todos, pero solo unos pocos se enriquecen, ¿por qué?, la respuesta es simple: es una cuestión de actitud, disciplina y perseverancia.

Ejecuta tu idea con excelencia. Tan pronto como salí de mi natal Cuba, me hice empresario —a los veinticuatro años—, desde entonces emprendí distintos negocios, no todos fueron exitosos ni siempre me fue bien. Pero, en lo que sí tuve éxito, fue en nunca rendirme y perseverar hasta lograr mis metas y sueños. Eso hace toda la diferencia: cuando puedes convertir tus fracasos y errores en aprendizaje y fortaleza para afrontar nuevos retos, —y tienes la actitud correcta—, el resultado no puede ser otro que el que te hayas propuesto.

Acumula efectivo

¿Qué es acumular efectivo?, ¿por qué es muy importante? Porque en el momento en que tienes un negocio, puede pasar que las cosas se desaceleren, tal vez, algunos procesos que solían marchar ya no andan o, quizá, tu empresa ya no funciona, pero para superar este periodo de tiempo, necesitas efectivo para sobrevivir. Si tienes un empleo y la situación no va caminando bien, ya no tendrás la misma cantidad de trabajo o te reducirán la jornada laboral.

Requieres tener poder de permanencia, si realmente tienes un exceso de efectivo y se presentan las oportunidades, ese es el momento. Eso es justo lo que hacen las personas inteligentes y con recursos; aprovechan esas ventajas. Generalmente, cuando los demás están sufriendo una recesión la gente que ha acumulado dinero se vuelve increíblemente próspera aumentando su riqueza. Mi recomendación, es que tengas todo el dinero en efectivo que logres acumular.

Eso es lo que puedes lograr cuando inviertes en la Bolsa de Valores. Tu dinero siempre está ahí, generándote más y más capital y cuando lo necesites lo tendrás disponible para hacer uso de él.

La razón principal por la que me especialicé en cierto tipo de inversiones es porque no importando en qué situación se encuentre la economía, puedo obtener rentabilidades; ya sea que el mercado esté en su mejor momento y vaya subiendo, o bien, haga una corrección o entre en pánico y caiga, no importa, con tan solo saber identificar la tendencia y subirte a ella —sea hacia arriba o hacia abajo—, puedes ganar mucho dinero. Lo más interesante es que a lo largo de mis años como inversionista, desarrollé todo un conjunto de técnicas y estrategias que tendrás disponibles en este libro —si lo lees hasta el final—, porque con este tipo de inversiones he obtenido rentabilidad de hasta un 4,000 % en una sola semana y ganancias diarias de entre un 100 a un 300 %, así que, si sigues todos los pasos que te enseñaré, podrás estar a ese nivel.

Warren Buffett, quien sin duda ha sido uno de los mejores inversionistas de todos los tiempos —cuyos libros respecto a este tema recomiendo leer—, proporcionó su propia definición sobre la inversión: "Es el proceso de invertir dinero ahora para recibir más dinero en el futuro, la intención del inversionista es poner sus fondos en los canales de inversión y luego verlos crecer con el paso del tiempo".

Como inversionista cometerás errores que te constarán dinero. Pero recuerda lo que te enseñaron. Si no lo haces, pagarás por ellos más de una vez.

CAPÍTULO II

CÓMO INVERTIR EN EL MERCADO DE VALORES

"Evitar cometer los errores de los demás es un paso muy importante para alcanzar el éxito".

—Seth Klarman

Una buena manera de aprender sobre el mundo de las inversiones en el mercado de valores es entendiendo cómo funciona. Esto sin duda es primordial a la hora de tomar buenas decisiones financieras y, sobre todo, en caso de que no seas un experto o no tengas el conocimiento de qué es exactamente la Bolsa de Valores como también se le llama.

La Bolsa de Valores es, básicamente, un conjunto de mercados e intercambios que permiten la emisión, compra y venta de acciones. Estas acciones son publicadas por las compañías emisoras y puestas a disposición para que cualquier tipo de inversionista —ya sea una persona u otras entidades— que esté interesado pueda comprarlas o, si son poseedores, consigan venderlas. La actividad de compra y venta se realiza a través de intercambios centralizados.

Es un mercado libre, donde las empresas tienen la oportunidad de acceder al capital mediante la venta de sus acciones. La compra de estas acciones le permite al inversor ser en parte dueño de la empresa, sin tener que preocuparse por el riesgo y las molestias que traen el tener que dirigir un negocio.

Tú como inversionista, esperas que el precio de tus acciones suba con el tiempo y se capitalice el valor; esto se debe a que mientras más acciones de la empresa en cuestión compra la gente, más aumenta el valor de dicha institución, por lo que tanto tú como inversor, al igual que la compañía, tienen mucho que ganar de su participación en la Bolsa de Valores.

Es cierto que también se pueden acarrear pérdidas mientras inviertes: si el precio de las acciones que compraste cae, te estaría ocasionando mermas sobre tu inversión inicial; ahora, mientras seas poseedor de las acciones, por más que baje el precio y veas que tu portafolio de inversión está cayendo, no necesariamente significa que no se pueda revalorizar e incluso alcanzar algunos récords, trayendo consigo muy buenas utilidades para ti.

Te mostraré mediante un estudio gráfico cómo identificar las tendencias, para que puedas saber si en el momento en que deseas invertir, el precio está caro o barato. También sería prudente hacer un análisis sobre los fundamentos de la compañía en la que estás pensado invertir. Todo esto es respecto a las acciones, pero como ya te comenté, lo que hago el 90% del tiempo, son inversiones en opciones, sobre todo por cuestiones de rentabilidad y tiempo.

De igual forma, debemos tener en cuenta algunos factores que afectan el mercado de valores y que son los responsables de la volatilidad, ya que podrían aumentar de manera repentina el valor de las acciones o, de la misma manera, bajar su precio. En ambos casos, puedes generar ingresos altos si te encuentras operando en el mercado de opciones.

Estos factores pueden ser: un aumento en las tasas de intereses; el incremento de la inflación; el crecimiento de la economía; el efecto de algunas noticias de carácter político; el nivel de desempleo; o reportes de utilidades de las compañías. Cualquiera de estos puede ocasionar que la variabilidad aumente, lo que suele ser muy provechoso en cuanto a rentabilidad para inversiones en opciones.

La tasa de interés —con un nivel bajo en particular—, es algo muy atractivo para los inversores. Las acciones que tienen una baja tasa de interés son muy buscadas debido al mayor dividendo que ofrecen. Los inversionistas compran más acciones cuando los rendimientos de los bonos caen. Una tasa alta de interés ocasionará una reacción negativa, desalentando el seguir comprando y trayendo consigo altos volúmenes de ventas y fuertes caídas en los precios de las acciones.

La crisis mundial que hemos vivido en los últimos años debido a la pandemia del COVID-19, ha obligado a la reserva federal a mantener los intereses casi en cero, a pesar de que el mundo literalmente se detuvo y sus economías también. Pero el mercado de valores solo hizo una pequeña corrección y luego siguió subiendo, imponiendo récords históricos, todo esto debido al atractivo de los intereses bajos.

Cuando hay un aumento en el crecimiento económico, la mayoría de las empresas experimentan altos incrementos en sus finanzas, por lo que los precios de sus acciones suben; por otra parte, una disminución del crecimiento económico afectará negativamente a la mayoría de las compañías que cotizan en el mercado de valores, perjudicando también la valoración de sus acciones, lo cual a su vez, dará lugar a la pérdida en caso de que decidan venderlas.

Las desestabilizaciones que resultan de las crisis políticas, ataques terroristas, declaraciones de guerra —como ya ha sucedido en el pasado reciente—, o el aumento del precio del petróleo, afectan de manera negativa al mercado y hacen que el precio de las acciones caiga de manera abrupta. La Bolsa de Valores crece y prospera cuando existe la estabilidad necesaria. La confianza y las expectativas tienen mucho que ver con el estado de ánimo de los inversores, que siempre estarán dispuestos a invertir cuando estén seguros de que tendrán un buen retorno por su transacción y, sobre todo, que no existan eventos o noticias perturbadoras, como las antes mencionadas, que puedan poner en riesgo las adquisiciones.

Un ejemplo reciente —que tuve la oportunidad de presenciar—, fue el 6 de enero de 2021, cuando una gran multitud de personas entró de forma violenta al Capitolio en Washington D. C. —conocido como el símbolo de la democracia de los Estados Unidos—. En el instante en que estaba ocurriendo el suceso, el mercado se desplomó y no fue sino hasta el otro día, cuando la democracia estaba a salvo, que todo se normalizó y volvió a sus niveles anteriores.

Algunos de los más grandes inversores de todos los tiempos como Warren Buffett y Benjamin Graham, han destacado que una reacción exagerada muchas veces se refleja en el mercado de valores. Graham se refirió a esto como la psicología del mercado. Sucede que a veces las acciones bajan de precio, solo porque las personas que las poseen tienen miedo de que algo malo esté a punto de suceder y pudiera resultar en la pérdida de su dinero, por lo que comienzan a vender y esto trae la caída masiva de los precios. La mayoría de las veces ocurre en bloques llevándose consigo la caída de todo el mercado.

Para invertir con éxito, además de conocimiento e información sobre los mercados, hay que ser pacientes y actuar con prudencia. Pero como todo en esta vida, las cosas podrían facilitarse si ponemos atención a los consejos de quienes se dedican profesionalmente a realizar inversiones y han obtenido buenos resultados.

"En la inversión lo que es cómodo rara vez es rentable".

—Robert Arnott

CAPÍTULO III

FONDOS MUTUOS, FONDOS INDEXADOS Y ETF

"Yo te indicaré cómo llegar a ser rico. Cierra la puerta. Sé temeroso cuando otros sean codiciosos. Sé codicioso cuando otros sean temerosos".

—Warren Buffett

E n este capítulo haremos un análisis profundo sobre qué son y cuáles son las
diferencias entre los fondos mutuos, los fondos
indexados y los ETFs. Estos son conceptos que
suelen utilizarse como equivalentes, pero en
realidad tienen diferencias muy específicas.
Muchas personas, en vez de invertir en acciones
individuales —donde tienen que buscar el
momento ideal tanto para comprarlas como
para venderlas—, optan por invertir en este tipo
de fondos, en los que con una sola transacción,
pueden exponerse a diferentes acciones o
diferentes tipos de activos, teniendo un
portafolio diversificado.

Pero ¿cuál es la diferencia y cuál sería la mejor
opción para invertir? Antes de explicar las
diferencias y señalar cuál, a mi consideración, es
la mejor opción, vamos a ver las similitudes entre
ellos y la definición de cada uno. Lo que tienen
en común estos tres vehículos es que son
fondos, lo que quiere decir que dentro de cada
uno encontrarás algún grupo de acciones u otro
tipo de activo; así que, al invertir en cualquiera
de ellos, con una sola transacción automáticamente estás adquiriendo un grupo de acciones.
Pueden estar compuestos solamente por

acciones o por acciones y otro tipo de activo, dependiendo del que escojas.

Ahora veamos, ¿qué es un fondo indexado? Para poder entender bien qué es, necesitamos primero saber ¿qué es un índice? Un índice es un método para hacer seguimiento del desempeño de un grupo de activos de una manera estandarizada; se puede decir que es un portafolio hipotético de diferentes acciones que representan un segmento del mercado financiero. El cálculo del valor del índice proviene de los precios de las acciones subyacentes dentro del mismo índice. Algunos obtienen su valor basado en la capitalización del mercado de las compañías dentro de ese índice, como es el caso del muy popular S&P 500; mientras que otros, como el Dow Jones, utilizan el método de precio ponderado, en el cual, las empresas se clasifican según el precio de sus acciones; esto quiere decir que, este tipo de índices están muy influenciados por aquellas compañías que tengan los precios de sus acciones más elevados.

Así como los muy conocidos S&P 500, Dow Jones y Nasdaq, hay muchísimos otros índices que pueden ser más específicos y otros que pueden estar más generalizados —como el Russell 2,000—, esto es muy importante, porque muchos ETFs y fondos de inversión

—básicamente de gestión pasiva—, replican en este índice que está formado por dos mil compañías de EE. UU. de baja capitalización.

Seguramente habrás escuchado hablar del S&P 500, uno de los índices más conocidos de todo el mundo, considerado uno de los puntos de referencia más relevantes en el mercado de valores, ya que hace seguimiento de las quinientas compañías más grandes y poderosas de los Estados Unidos y es visto como una representación de la economía del país.

Ahora bien, como una persona no puede ir e invertir directamente en un índice, se formaron los fondos indexados, John C. Bogle fue el creador del primero, ya que, en lo personal, él siempre fue creyente de que los fondos mutuos activamente manejados —que veremos a continuación—, eran incapaces de superar los rendimientos del mercado en general a largo plazo. Hay que dejar en claro que, por definición, todos los fondos indexados son fondos mutuos, pero no todos los fondos mutuos son fondos indexados; pero como los fondos indexados son tan diferentes al fondo mutuo tradicional, hoy por hoy se habla de ellos de una manera independiente.

Así que, un fondo indexado es simplemente, un fondo que está replicando los movimientos de un índice en particular, bien sea el S&P 500, el Dow Jones, el Nasdaq, el Russell 2,000 o cualquier otro; su intención es repetir las variaciones del mercado o un sector en particular, en vez de intentar superar los retornos del mismo —como es el caso de los fondos mutuos—; algunos ejemplos de fondos indexados son VFIAX The Vanguard, SWPPX Charles Schwab y FXAIX Fidelity, los tres siguen y replican al S&P 500, por lo que sus rendimientos son básicamente idénticos.

Ahora, a diferencia de un fondo indexado, a un fondo mutuo se le conoce como aquel que es activamente manejado por un profesional; es decir, en vez de estar replicando un índice de forma pasiva, lo operan un grupo de profesionales analizando, eligiendo, comprando y vendiendo acciones u otros activos con la intención de vencer al S&P 500 año tras año, ya que este es el índice utilizado como punto de referencia en el mercado en general.

Si el fondo mutuo otorgó a sus inversionistas retornos superiores a lo que tuvo el S&P 500 durante el año, se puede decir que logró su función, sin embargo, una de las críticas más relevantes que se le hacen estos fondos, es que, a pesar de que pueden vencer al mercado durante algunos periodos, a largo plazo suelen tener rendimientos menores a los obtenidos directamente en un fondo indexado. Además, es muy difícil encontrar y dar con un fondo mutuo antes de su periodo de crecimiento exponencial, ya que no son tan conocidos en el mercado.

Por lo general, una vez que los fondos mutuos exitosos se dan a conocer, es porque ya tuvieron unos rendimientos exponenciales y es muy difícil que obtengan beneficios similares de forma consistente por varios años, por lo que van perdiendo popularidad y sus inversores van generando menos dinero. De hecho, las estadísticas muestran que posteriormente al éxito de un fondo mutuo —que lo lleva a tener gran popularidad—, se vuelve muy difícil seguir obteniendo beneficios al mismo nivel gracias a algo conocido como reversión a la media, lo cual, es la idea de que las inversiones a largo plazo tendrán una tendencia hacia sus promedios históricos; es decir, es posible que un administrador haya elegido Apple o Tesla en su punto ideal y esto le dio retornos masivos, pero es altamente improbable que pueda acertar cada vez de manera consistente, obteniendo como resultado a largo plazo, retornos promedios o debajo del promedio en el mercado.

Hay algunos pocos fondos mutuos muy exclusivos que han superado de manera consistente los rendimientos del mercado, pero no están aceptando nuevos inversores; hay otros que están abiertos al público general y que han logrado por los últimos años superar los rendimientos del mercado en general. Sin embargo, hay que tener en cuenta que los rendimientos pasados no garantizan los rendimientos futuros y, a su vez, contabilizar la extensión o gastos administrativos que tienen este tipo de fondos, que suelen ser bastante elevados para poder compensar a aquellos administradores que están operándolos.

Un ejemplo de un fondo mutuo activamente manejado puede ser el de FDGRX, de Fidelity® Growth Company, aunque también está cerrado para nuevos inversionistas, es solamente como referencia. Este fondo mutuo busca hacer crecer el capital de sus inversores invirtiendo en compañías de crecimiento tanto en el mercado estadounidense, como en el internacional, usando análisis fundamental y posicionamiento de la industria.

Para seleccionar las inversiones, este fondo ha tenido un rendimiento anual en promedio de 14.85 % desde su creación a diferencia de un 11.35 % anual del Russell 2,000. Claro, a eso hay que sumarle también los costos administrativos —que no se incluyen en estos datos—, lo cual haría que disminuyera el rendimiento total. De esto hablaremos más adelante, cuando veamos las diferencias detalladas entre los tres tipos de fondos.

Por último, un ETF es también un fondo que contiene diferentes tipos de activos y puede ser manejado de manera pasiva o activa. Hoy en día hay cada vez más ETFs que se operan activamente —por profesionales—, de la misma forma que los fondos mutuos. También existen los que son manejados pasivamente tal cual como un fondo indexado. Los ETFs se han vuelto extremadamente populares gracias a su conveniencia y a su facilidad de entrada, ya que se compran y se venden en tiempo real, igual que una acción a través de un bróker.

A diferencia de los fondos mutuos que, usualmente, se compran o se venden a través de la compañía emisora, con transacciones solamente una vez al día y dependiendo del bróker el mínimo de inversión, un ETF puede costar desde un dólar si el bróker permite comprar acciones fraccionarias; en dado caso de que no, el mínimo de inversión sería el valor de una acción en dicho ETF. Algunos ejemplos muy populares son: VOO, que sigue el índice S&P 500; VTI, que sigue el índice del mercado total de EE. UU.; y QQQ, que sigue el índice Nasdaq. Estos tres ETFs son manejados pasivamente dado que no hay un administrador del fondo comprando y vendiendo posiciones; también hay otros que no siguen índices y son operados activamente, como es el caso de ARKK Innovation, ARKF Fintech o ARKG Genomic.

Ya que tenemos una idea muy clara de qué es un fondo indexado, un fondo mutuo y un ETF, pondré uno al lado del otro para ver cuáles son sus diferencias y así poder concluir cuál sería el más conveniente a la hora de invertir.

	FONDO MUTUO	FONDO INDEXADO	ETF
TIPO DE INVERSIÓN	ACTIVO	PASIVO	ACTIVO PASIVO
COSTOS	(ALTOS 0.5 - 2%)	(0 - 0.25%)	(ALTOS O BAJOS 0 - 1%)
TAXES	MENOS EFICIENTE	EFICIENTE	EFICIENTE (INDEXADO)
COMPRA / VENTA	UNA VEZ AL DÍA	UNA VEZ AL DÍA	HORAS DEL MERCADO
MÍNIMO DE INVERSIÓN	VARÍA POR EMISOR	VARÍA POR EMISOR	$1 Ó VALOR DE UNA ACCIÓN
CONTROL DE PRECIO	MÍNIMO CONTROL	MÍNIMO CONTROL	MÁXIMO CONTROL
INVERSIÓN AUTOMATIZADA	SÍ	SÍ	SÍ (DEPENDE DEL BRÓKER)
MEJOR A LA HORA DE INVERTIR	MENOS RECOMENDADO	MÁS O MENOS RECOMENDADO	100% RECOMENDADO

Las recomendaciones antes sugeridas están fundamentadas en lo siguiente:

Al comparar los tres tipos de fondos, la primera diferencia que vas a ver es el tipo de inversión, el fondo mutuo tiene un tipo de inversión activa, mientras que un fondo indexado tiene un tipo de inversión pasiva, pero en el caso del ETF puede ser activa o pasiva dependiendo del que se elija.

Luego tenemos los costos:

Los fondos mutuos tienen costos altos porque —como vimos previamente—, estos costos compensan a aquellos administradores o *managers* que están activamente trabajando en estos fondos, eligiendo acciones o activos para intentar superar los rendimientos del mercado; por lo general, estos costos rondan entre el 0.5 y 2 % del valor de tu portafolio, lo cual no suena como demasiado, pero si sacas la cuenta de la diferencia que haría un 1 % más o un 1 % menos en tu portafolio en un periodo de veinte o treinta años, te sorprenderías.

En el caso de los fondos indexados, tienen costos muy bajos porque al tener un tipo de inversión pasiva, no hay que estarle pagando a un *manager* o administrador que esté comprando y vendiendo, o analizando acciones o posiciones. Usualmente van desde 0 % de costo —hay unos que realmente cuestan cero—, hasta 0.25 % dependiendo del bróker emisor —que 0.25 % para un fondo indexado es carísimo—, pero por lo general se ha visto que lo usual va desde 0 hasta 0.10 o 0.15 %.

Por último, en un ETF va a depender si es manejado de forma activa o pasiva. Hay unos que tienen costos de 0 % y hay otros que pueden llegar a 1 %, estos últimos son activamente manejados. Por ejemplo, en el caso de ARK Invest, tienen alrededor de 0.75 %, lo cual es considerado alto, pero nuevamente las expectativas de esos fondos es que superen ampliamente las ganancias del mercado en general.

Algo muy importante y que muchas veces pasa desapercibido, es el tema de los *taxes* o impuestos. En el caso de los fondos mutuos, si tienes tus inversiones en una cuenta de retiro como un 401 (k), realmente no te va a impactar demasiado; pero si tienes parte de tus inversiones en cuentas regulares, eso es algo a lo que deberías estar prestando atención, ya que los fondos mutuos son los menos eficientes en términos de *taxes*. Los fondos indexados se consideran muchísimo más eficientes. Los ETFs que son manejados de manera pasiva, se consideran como los más provechosos en términos de impuestos.

Tanto los fondos indexados como los ETFs operados de forma pasiva, tienden a ser más eficientes en este aspecto, en parte, porque el seguimiento de un índice no suele requerir operaciones frecuentes. Los ETFs en particular, tienen una capacidad estructural para minimizar las ganancias de capital que tienen que distribuir. Por lo general los fondos mutuos administrados activamente tienden a tener un costo fiscal más alto que los fondos indexados, porque cuando un administrador liquida y compra inversiones en un intento de vencer al mercado, las ganancias de capital se obtienen con mayor frecuencia y las mismas se gravan: cuanta más actividad haya en el fondo, más se suman esos impuestos.

Adicionalmente, en esencia hay menos eventos imponibles en una estructura de ETF convencional que un fondo mutuo. En un ETF, las entradas y salidas de inversión son mediante la creación o canje de algo llamado unidades de creación, que son canastas de activos que se aproximan a la totalidad de la exposición de inversión del ETF. Sin embargo, los fondos indexados son mucho más eficientes —desde el punto de vista fiscal—, que los fondos gestionados activamente, así que, siguen siendo muy favorables en este aspecto.

Concluimos que los ETFs pasivamente mane-jados son los más eficientes en términos de impuestos, luego le siguen los fondos indexados y al final los fondos mutuos.

Con respecto a compra y venta de posiciones, en el caso de los fondos mutuos y los fondos indexados, solamente se hace una transacción una vez al día y se efectúa cuando cierra el mercado. No es que puedas ir a las nueve de la mañana a hacer una compra y se va a ejecutar: si haces la compra en cualquier momento del día, va a proceder una vez que cierra el mercado —a las cuatro de la tarde—, a diferencia de los ETFs que, se compran y se venden como una acción, es decir, en cualquier momento en que el mercado esté abierto, puedes comprar un ETF o una parte de este si tienes la posibilidad de adquirir acciones fraccionarias.

Hablando de los mínimos de inversión, van a variar dependiendo del bróker y del fondo en el que inviertas. El fondo mutuo y el fondo indexado va a variar por emisor, por ejemplo, si te interesa un fondo indexado de Vanguard, tiene un mínimo de inversión por lo general de 3,000 dólares, pero si quieres uno de Fidelity, no tienes mínimos de inversión, así que, con 10, 20 o 50 dólares podrías comenzar. En el caso de los ETFs va a depender netamente del bróker con el que operes: como se compran y se venden a través de Exchange, puedes acceder a ellos a través de básicamente cualquier bróker. Si el tuyo te permite que tengas acciones fraccionarias, puedes comprar desde 1 hasta 1,000 dólares de valor de un ETF, lo que tú quieras.

Comparando el control de precio, en el caso de los fondos mutuos y los fondos indexados, no hay ningún tipo de control porque simplemente tú haces la compra o la venta y la misma se ejecuta al precio que haya finalizado el mercado y hasta que este cierre. Si hubo una caída grande y pretendes aprovecharla, no podrás, porque la transacción no se ejecuta hasta que ha concluido el mercado. En el caso de los ETFs, tienes el máximo control con respecto a precios, ya que se compran y se venden como acciones en las horas del mercado, así que, si hubo una bajada enorme de la nada a las tres de la tarde y quieres fructificarla, con un ETF lo puedes hacer, puedes simplemente realizar la compra y se va a ejecutar ahí mismo.

Tanto los fondos mutuos como los fondos indexados suelen ofrecer el servicio de inversión automatizada, lo que significa que puedes configurar una cantidad de dinero semanal, quincenal o mensualmente —como sea que se ofrezca—, para que lo saquen de tu cuenta de banco y simplemente se invierta de manera automática. En cambio, un ETF va a depender 100 % del bróker, por ejemplo, Vanguard le ofrece inversión automática en sus fondos mutuos, pero no en sus ETFs. Al contrario del bróker Robinhood que, ofrece la posibilidad de inversión automática en ETFs, pero no puedes invertir en fondos mutuos. Entonces, puedes hacer una configuración para que se invierta en un ETF que sigue un índice de 100 dólares a la semana y olvidarte de eso.

A continuación, dejaré mi recomendación sobre cuál reúne los mejores beneficios a la hora de invertir:

El fondo mutuo es el menos favorable, no le veo ninguna ventaja competitiva con respecto a los otros dos como para justificar invertir en él; primero y muy esencial, tiene costos muy elevados que se estarán invirtiendo a largo plazo, si comparas un 1.5 o 2 % versus 0, o un 0.02 %, realmente la diferencia es altísima. Te estás comiendo un 1 o 1.5 % de los retornos que te ofrece ese fondo y, además de eso, es poco eficiente en términos de impuestos, lo cual también sumaría o, mejor dicho, restaría a esos rendimientos netos que podemos obtener.

Luego tenemos al fondo indexado, mucho más recomendable porque puede ser un instrumento ideal para cualquier persona que quiera invertir a largo plazo, especialmente, en índices más conocidos en el mercado como el S&P 500, sin embargo, tiene cosas que tampoco me gustan mucho, por ejemplo, no hay control sobre el precio, entonces si quieres entrar en un momento que sabes que es una buena oportunidad, no puedes porque hay que esperar a que el mercado cierre; por mis años de experiencia, sé que la bolsa puede fluctuar en cuestión de minutos u horas. No obstante, en comparación con el fondo mutuo y para realizar inversiones a largo plazo, sin duda y por todo lo antes expuesto, el fondo indexado es por mucho, mejor que el fondo mutuo.

Sin temor a equivocarme, de estos tres instrumentos de inversión, el que se lleva todos los galardones y, por lo tanto es el mejor, es el ETF, sobre todo el pasivo; no soy muy fan de los activos porque tienen un principio bastante similar a los fondos mutuos, pero el ETF pasivo ofrece —para mí— absolutamente todo lo mejor para la gran mayoría de personas que quieren invertir en la bolsa a largo plazo: primero porque tiene costos muy bajos, desde 0 hasta un 0.1 %, que realmente no suma tanto; por otro lado, son los más eficientes en términos de impuestos, que al final es una parte crítica en los retornos que podemos tener; los mínimos de inversión —dependiendo del bróker con que operes— pueden ser imperceptibles, consigues invertir de a 10 a 20 dólares de forma semanal, quincenal o mensual, no hay un mínimo establecido; y por último, tienes un cierto control y flexibilidad en el precio, si piensas que es un momento ideal para invertir, lo puedes hacer sin ninguna restricción porque —reitero—, se compran y se venden a la hora del mercado regular.

Así que, sin duda, un ETF pasivo es mi favorito para inversiones a largo plazo, me parece que es ideal y es el medio de inversión al que más interés le pongo de entre estos tres, pero tal y como comenté antes, en lo que más invierto, es en las opciones, por sus altas rentabilidades.

"Los mercados alcistas nacen en el pesimismo, crecen en el escepticismo, maduran en el optimismo y mueren en la euforia".

— John Templeton

CAPÍTULO IV

ANÁLISIS FUNDAMENTAL

"El inversionista individual debe actuar de manera consistente como inversionista y no como especulador".

—Benjamin Graham

D esde tiempos inmemoriales el hombre ha tratado de construir riqueza de diversas formas en los mercados financieros. Inversores de todo el mundo se han estrujado los sesos para tratar de beneficiarse de los movimientos del precio. En este capítulo repasaremos las diferentes formas conocidas hasta hoy, haré un concreto análisis técnico, no importando si llevas tiempo en este mundo de la inversión o si no tienes idea sobre ella, te comparto lo que he podido percibir a lo largo de mis años al respecto.

Existen dos grandes corrientes de pensamiento para enfocar las inversiones: el análisis técnico y el análisis fundamental. Al final siempre hay muchos intereses detrás y los defensores de uno a veces se pelean con los del otro, llegando a formarse —por alguna extraña razón—, dogmas basados en creencias más que en datos de un modelo científico.

El análisis técnico, es una estrategia utilizada para prever la dirección futura de las cotizaciones mediante el estudio de datos históricos de los mercados; se maneja con tres principios.

1.El precio lo descuenta todo: este principio es la piedra angular del análisis técnico y supone que todos los elementos que afectan al mercado (políticos, económicos, sociales, psicológicos, especulativos o de cualquier otra índole), están de hecho reflejados en el precio. Por lo tanto, al analizar el precio de un activo en un mercado específico, se están analizando indirectamente todos los factores relacionados con ese mercado.

2.Al analista técnico no le interesa conocer los factores fundamentales que causan los cambios, sino que se limita a analizar las consecuencias de estos, que son finalmente, los precios. Por eso se dice que el análisis fundamental es un análisis de causas, mientras que el análisis técnico es un análisis de consecuencias. El precio se mueve en tendencias y la tendencia es tu amiga —es algo que aprenderás gráficamente más adelante en el libro—. El objetivo principal del análisis técnico es identificar una tendencia para establecer operaciones en esa dirección o en otra.

3.Gran parte del enfoque técnico está basado en el estudio de la psicología humana, por lo que este principio es equivalente a decir que, "los seres humanos tendemos a reaccionar de igual manera ante circunstancias que tienden a ser iguales", en otras palabras, la historia se repite. Las formaciones técnicas que aparecen en las gráficas, por ejemplo, son consecuencia del sentimiento alcista o bajista del mercado, que tiende a comportarse de la misma manera ante circunstancias similares. Se asume que si funcionaron en el pasado volverán a funcionar en el futuro. Otra forma de expresarlo es: "la clave para entender el futuro es el estudio del pasado".

Respecto a este tercer punto, en mi experiencia, se cumple en más de un 80 % de las veces, lo que te permite hacer proyecciones basadas en lo que ha sucedido y saber que cuando se presentan ciertos patrones, se vuelven a cumplir.

Charles Henry Dow es reconocido como el padre del análisis técnico bursátil tras formular la conocida Teoría de Dow. Charles, fue hijo de un granjero que murió cuando él tenía 6 años. Para ayudar a su familia, trabajó como obrero y a los veintiún años se volvió editor del periódico *The Springfield Daily Republican*.

Aunque nunca terminó sus estudios superiores, fue reportero de noticias en diferentes periódicos y entre otras cosas fundó junto a Edward D. Jones la Dow Jones & Company Inc, empresa que en 1884 creó dos índices sectoriales para la Bolsa de New York: Dow Jones Industrial Average (índice del sector industrial) y el Dow Jones Transport Average (índice del sector de transporte).

Charles Henry Dow utilizó una serie de principios para entender y analizar el funcionamiento de los mercados financieros, en concreto, dejó escritas unas doscientas cincuenta y cinco notas editoriales hablando de ellos. Tras su muerte, la recopilación de estos datos se conocería como la Teoría de Dow.

Las seis premisas básicas que componen esta teoría son:

1. Los precios lo descuenta.

2. Todos los mercados siguen tres tipos de tendencias.

3. Tendencias primarias o de largo plazo.

4. La marea tendencias secundarias o de mediano plazo.

5. Las olas y tendencias terciarias o menores o de corto plazo.

6. Las ondas las tendencias primarias.

Siguen tres fases en su evolución:

- Fase de acumulación o de compra institucional.

- Fase fundamental o compra por parte del público en general.

- Fase de distribución especulativa o de venta institucional.

Los diferentes índices bursátiles deben confirmar las tendencias alcistas o bajistas, el volumen confirma la tendencia y la tendencia se mantiene vigente hasta el momento, aunque muestre señales claras de cambio de dirección.

William Hamilton le sucedió y continuó con su legado dando un fuerte impulso a los estudios *chartistas* durante los años treinta. El *chartismo* fue tomando cada vez más fuerza y básicamente surgieron dos direcciones: la de aquellos que buscaban en los gráficos un registro de la dinámica de la oferta y la demanda —el caso de *Wake up*— y otros que buscaban una ley universal que sirviera para explicar gráficamente y con carácter general, el orden que según ellos el mercado encerraba siempre —el caso de Ralph Elliot—.

Un libro interesante en ese entonces fue *Technical Analysis of Stock Trends*, escrito por Edwards y Magee, con él comenzaron a popularizarse conceptos como los triángulos rectángulos, resistencias, soportes, los famosos hombro-cabeza-hombro y otras formaciones *chartistas*, todas ellas figuras muy conocidas y utilizadas en el análisis técnico tradicional.

Existen también el análisis cuantitativo y la teoría del paseo aleatorio. Sin casarme con ninguno, te comento que mi enfoque y experiencia del mercado es más práctico que teórico.

Deja de maltratar tu grandeza y negar tu esplendor tildando de fracaso una inversión que no salió. Todos sabemos que cada revés conlleva a una oportunidad de riqueza aún mayor.

CAPÍTULO V

LAS NOTICIAS EN EL MERCADO DE VALORES

"La inversión debería ser más parecida a una pintura en la pared o a ver crecer el césped. Si lo que buscas son emociones toma $800 y vete a Las Vegas".

—Paul Samuelson

A lo largo de todos mis años de experiencia en el mercado de valores he podido percibir los grandes movimientos que ocurren cuando se dan ciertos eventos tanto políticos como económicos. Estos movimientos ya sean positivos o negativos se traducen la gran mayoría de las veces en una alta volatilidad y, a su vez, altos porcentajes de utilidades en el mercado de las opciones. Como previamente mencioné, podemos sacar provecho de ellas — sean negativas o positivas— posicionándonos con contratos *call* si creemos que van a subir o con contratos *put* si juzgamos que van a caer.

A continuación, les muestro dos ejemplos específicos de interacción de la noticia con el mercado.

En el 2016, cuando se dio el resultado de las elecciones presidenciales en Estados Unidos, el mercado reaccionó de manera positiva. En ese entonces yo me encontraba en un proceso de aprendizaje, por lo que no me subí a ese tren; pero cualquiera que tomó acción basándose en la historia de las elecciones anteriores, te aseguro que obtuvo rentabilidades de más del 500 % de un día para otro. Aunque no fue mi caso, el poder ver los resultados gráficos en las simulaciones que solía hacer por aquellos tiempos, me hizo convencerme aún más de que el mercado sí reacciona ante las noticias y, sobre todo, las de gran impacto.

Asimismo, ha seguido repitiéndose con diversas noticias de gran magnitud que ocurren esporádicamente a nivel internacional: el mercado siempre reacciona positiva o negativamente y ¡vaya si lo hace!

En las elecciones de 2020, ya con el recordatorio en mi mente de la experiencia que nunca viví, me preparé para poder tomar cartas en el asunto; sabía que la expectativa era muy alta por lo que compré 30 contratos *call* de SPY, a un precio de 28 dólares cada uno, —un costo total de 840 dólares.

Nunca se me olvidará ese día: fue un viernes y la noticia del ganador la dieron el sábado, día en que el mercado se encontraba cerrado; no fue sino hasta el domingo alrededor de las seis de la tarde —cuando comienzan a operar los futuros de los índices—, que pude darme cuenta de que el mercado ¡había reaccionado de forma súper positiva!, los índices se dispararon hacia arriba y el resto es historia. En la apertura del lunes, a las nueve y media de la mañana, los contratos que había comprado el viernes a 28 dólares tenían un valor de ¡700 dólares cada uno!, para un total de casi 21,000 dólares.

Muchas personas que se dedican al mundo de las inversiones (en acciones o bonos), nunca han logrado rentabilidades así, porque simplemente no sucede eso con las acciones y mucho menos con los bonos. Podrían pasar muchos años para poder obtener una rentabilidad del 2,500 % de una acción —es como comprarla a 1 dólar y esperar que suba hasta 2,500—, algo casi imposible en el corto y mediano plazo. Pero como les acabo de mostrar, es totalmente posible en el mercado de las opciones. Con esto no quiero decir que va a ocurrir todos los días, pero sí puedes esperar que situaciones de este tipo pasen 2 o 3 veces al año. Ahora, sí es muy común obtener de manera constante un mínimo del 100 % de rentabilidad sobre tu inversión —veremos muchísimos ejemplos más adelante—, la buena noticia, es que si siguen las estrategias y principios que expongo en este libro vas a poder hacerlo por ti mismo, aunque antes de invertir, siempre recomiendo que lo hagan simulando con paperMoney®, pero de eso te hablaré en otro capítulo.

Yoel Sardiñas

Reporte de utilidades o *earnings*

Otro ejemplo de influencia de las noticias sobre el mercado o una acción en específico, es cuando las compañías dan sus reportes de utilidades. Esto ocurre normalmente cada 3 meses, lo cual te da un cierto margen para prepararte y poder tomar ventaja sobre las mismas. ¿A qué me refiero con tomar ventaja? Pues simplemente a hacer una investigación previa al día de dicho reporte y, basados en esa información, tomar partido. Aunque sí quiero señalar que, en la semana en que se dan estos reportes, debido a la volatilidad, los poseedores de las opciones incrementan el precio para protegerse.

A lo largo de mi carrera he podido hacer disímiles *trades* antes del reporte de utilidades, obteniendo elevadas rentabilidades; pero son de alto riesgo, ya que muchas veces, aun siendo un reporte positivo, los inversores reaccionan de manera negativa y los precios caen, haciendo perder todo el valor de las opciones *call* de manera abrupta debido al valor añadido que tenían.

De todos los *trades* que he realizado en las temporadas de *earnings*, siempre los mejores resultados los he obtenido cuando realizo el *trade* después de que ya el reporte fue dado, porque las opciones ya no tienen el valor añadido, lo cual pone los precios a una distancia más cercana; si a esto se le suma que la volatilidad sigue presente, justo ahí ocurren las grandes tendencias tanto de venta como de compra: dicha variabilidad se traduce en movimientos fuertes y rápidos, dando rentabilidades en las opciones de entre 1 a 10 veces la inversión en menos de 7 días.

A mi entender, esas son rentabilidades que no puedes obtener si comprases la misma acción de la compañía que dio el reporte de utilidades. Por ejemplo, en el momento en que estaba escribiendo este capítulo —octubre de 2021—, la mayoría de las compañías que cotizan en bolsa se encontraban dando su reporte de utilidades del tercer trimestre del año, yo tomé acción en algunas compañía como 3M, American Express y Netflix. En el caso de MMM obtuve 300 % de rentabilidad en el mismo día; en el *trade* de NFLX obtuve el 600 % en 3 días; y con AXP el 150 % en una hora. Los *trades* los realicé en la apertura del mercado, cuando ya el reporte se había dado, siguiendo las tácticas —que más adelante vas a aprender— y que yo llamo *estrategia de Bollinger*.

CAPÍTULO VI

ESTADOS Y TENDENCIAS DEL MERCADO

"El mercado de valores está
lleno de personas que
conocen el precio de todo,
pero el valor de nada".

—Philip Fisher

El mercado no siempre permanece igual, algunas veces está en tendencia bajista o alcista, y otras, lateral o en rango; además, algunas llevan impulso y otras no, dependiendo en qué fase esté dicha tendencia. A veces, el mercado se extiende tanto que se tiene que corregir, y saber detectar esas situaciones, puede ser muy útil para subirse a una tendencia en cualquiera de sus correcciones o para decidir que esta ha llegado a su fin; esto puede ser muy capitalizable con cualquier sistema de *trading* y principalmente con las opciones.

El mercado se compone de ciclos, los cuales dan forma a las tendencias. Cada temporalidad o marco temporal tiene su propio ciclo porque el mercado se comporta de forma fractal: es la interacción de los distintos ciclos en los diferentes marcos temporales lo que da esa forma tan característica a las tendencias. Los ciclos se componen de varias fases tal y como te muestro en la siguiente imagen:

DIA (SPDR Dow Jones Industrial Average ETF)
Jan 25 2022 08:00:00
©2022 TC2000

Fuente:
www.TC2000.com

1. **Fase de recuperación:** es el inicio de las subidas o base de las caídas anteriores. Se caracteriza porque hay poca esperanza, la gente está harta de las caídas anteriores y le ha perdido la confianza al mercado; es lo que Charles Dow —en su teoría de Dow—, denominaba la fase de *acumulación,* porque es aquí cuando las manos fuertes y mejor informadas, comienzan a tomar posiciones alcistas ante la fase expansiva del ciclo que viene y compran gangas precisamente porque la gente aún no tiene confianza. Acumulan posiciones, de ahí el término.

2. **Fase de expansión:** es el momento de más crecimiento y a mayor ritmo, cuando todo el mundo se sube al carro, la confianza cada vez es mayor y son frecuentes los excesos por la codicia, todo el mundo se va incorporando para no perderse la fiesta. Cualquiera que se suba a la tendencia, aunque sea mal y a destiempo, parece ganar fácilmente; es lo que Dow denominaba fase de *participación pública*.

3. **Fase de crisis:** aún se sigue creciendo, pero se avecinan cambios importantes, el ciclo está maduro y listo para cambiar de fase; muchos aún no son conscientes de ello y se siguen subiendo al carro pensando que la subida es infinita. Por un exceso de confianza y complacencia parece que las subidas no tienen final y la participación es máxima: todo el mundo se ha subido y están comprometidos con el mercado; cuando ya casi no queda gente por comprar y mantener las subidas de precios, se da lo que Dow llamaba fase de *distribución*, porque las manos fuertes y mejor informadas saben que vienen cambios y se deshacen de sus posiciones, las distribuyen.

4. **Fase de recesión**: finalmente se produ-
cen caídas y es la parte final del ciclo.

Veámoslo en el siguiente gráfico:

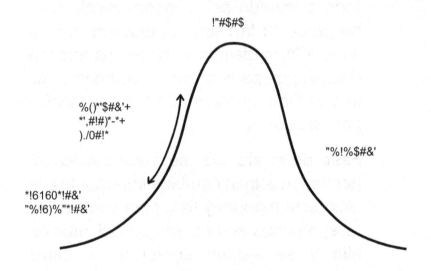

Después vuelve a repetirse: acumulación,
participación pública, crisis, recesión y así
sucesivamente. En cada fase del ciclo el
impulso, velocidad de cambio o *momentum,* ha
sido diferente porque también es variable el
estado de ánimo de los participantes del
mercado en cada una de estas fases.

Me gusta imaginar el movimiento del precio en
función del estado de ánimo de los participantes. Una forma de verlo es como el

lanzamiento de una bola: para que haya tendencia, el precio debe tener impulso, *momentum*, aceleración; al principio, cuando sale de nuestra mano su velocidad es máxima, pero va decreciendo hasta que llega un momento en el que todo su impulso cae —como las tendencias y los precios—; por eso las tendencias tienen ese aspecto de avances y retrocesos constantes, nunca se moverán en una única dirección. Recuerda que el mercado nunca sube infinitamente y tampoco cae para siempre, en algún momento regresará porque se cansará y perderá energía.

En resumen, la mayoría de las personas que invierten en opciones sin obtener los resultados esperados es porque no toman en cuenta en qué estado está el mercado, por eso, te recomiendo que utilices todas las herramientas que encontrarás en este libro y las complementes entre sí, esto te pondrá en una excelente posición a la hora de tomar una decisión sobre tu inversión.

CAPÍTULO VII

OPCIONES FINANCIERAS

"De vez en cuando el mercado hace algo tan estúpido que te quita el aliento".

—Jim Cramer

De una manera muy clara y sencilla te explicaré que son las opciones. Tienen fama de ser un instrumento financiero complejo, pero nada más alejado de la realidad. Lo cierto es que las opciones nos rodean y se encuentran entre nosotros más de lo que creemos. Operamos con ellas a diario, tú mismo las utilizas y no te das cuenta. Por ejemplo, cuando quieres comprar una casa, das una pequeña cantidad de dinero en concepto de depósito, en ese caso estás comprando una opción *call*; en caso contrario, al querer vender una propiedad y aceptar el depósito del comprador estás vendiendo una opción *call*.

No te preocupes si no estás familiarizado con estos conceptos, pues los irás comprendiendo mucho mejor durante el transcurso de este capítulo. Otro ejemplo muy claro es cuando aseguras un coche u otra propiedad, automáticamente estás comprando una opción *put*, tú pagas una pequeña cantidad de dinero a cambio de que, si sucede un accidente la aseguradora te indemnice.

Un ejemplo más —que todo el mundo hace—, es cuando compras un boleto de lotería: pagamos una pequeña cantidad de dinero a cambio de la esperanza de que algún día ese boleto valga millones, en este caso estamos comprando una opción *call*.

También cuando contratas un paquete turístico con una agencia de viajes —ya sea de a través de su página web o en sus oficinas—, normalmente te ofrecen un seguro de cancelación. Pues bien, en ese caso estás contratando una opción *put*. O si te permiten reservar el viaje por una pequeña cantidad de dinero, en ese caso estás contratando una opción *call*.

Como puedes comprobar, nos rodean las opciones, están por todos lados. Pero tal vez te preguntes ¿y quién inventó esto de las opciones? Lo cierto es que las opciones financieras son muy antiguas y si queremos hablar de la primera transacción económica realizada con opciones debemos remontarnos al 624 antes de Cristo, en ese año habitaba en Grecia, Tales de Mileto, considerado un ciudadano muy inteligente. Debido a sus conocimientos en botánica y climatología, predijo que la regulación de aceite de ese año iba a ser extremadamente buena. Tales de Mileto pagó una pequeña cantidad de dinero para obtener el derecho a arrendar las presas de aceite en exclusiva, es más, como lo hizo un año antes, la cifra fue ridícula. Pasó el tiempo y la verdad es que había sido un año buenísimo en lo que a la cosecha de olivos se refiere, ¡sus predicciones se cumplieron! Llegó el momento acordado y Tales de Mileto ejerció su derecho a subarrendar las únicas prensas de aceite que existían en toda la comarca, se podrán imaginar lo que sucedió: esa pequeña cantidad de dinero que Tales de Mileto había pagado, se convirtió en una auténtica fortuna. Aquí está la magia de las opciones, consiste en el poder de apalancamiento que dan al inversor.

Las opciones financieras son un concepto de inversión que ha revolucionado el mercado de valores. Es el primer instrumento financiero que ante una recesión del mercado continúa generando grandes utilidades para obtener ganancias. Solo debes seleccionar la tendencia de un activo financiero específico y puedes obtener hasta un 100 % de tu inversión en cada operación. Aunque cabe destacar que la rentabilidad puede llegar a ser de hasta 2,000 o 4,000 % en ciertos escenarios que, más adelante te mostraré cómo identificarlos y subirte a esa tendencia para obtener estas ganancias.

Las opciones operan bajo variables y figuras distintas a las acciones, su precio no solamente cambia por efectos de oferta y demanda, sino que otros elementos afectan su precio. Son activos bien particulares, pero usados apropiadamente pueden generar unos ingresos que superan la expectativa del inversor promedio, que por lo general está centrada a largo plazo, esperando de un 10 a un 20 % en un año.

Vamos a empezar por el principio, con los conceptos básicos de las opciones financieras. Hay dos tipos: las opciones *call* (compra) y las opciones *put* (venta). Las opciones se empezaron a utilizar en 1973 en la Bolsa de Nueva York en donde debutaron las opciones *call* y no fue sino hasta 1977 que aparecen las opciones *put*.

Para poder comprar una opción, se paga una pequeña cantidad de dinero en concepto de depósito —el nombre técnico es prima—, al pagar dicha prima, tienes derecho a adquirir un subyacente en un tiempo determinado (pueden ser días o incluso años), el tiempo es un factor clave a la hora de hablar de opciones. Los subyacentes que puedes adquirir con opciones pueden ser acciones, bonos o futuros, de hecho, se puede negociar una variedad muy amplia de subyacentes. Quiero destacar —tal y como verán más adelante—, que yo solo opero con opciones de acciones y de ETF.

Las opciones *call* le otorgan al comprador, el derecho de comprar un activo a un determinado precio hasta una determinada fecha; mientras que las opciones *put* le permiten al comprador vender un activo a un determinado precio y a una fecha determinada; pero para el vendedor no se conforma un derecho, se adquiere la obligación de vender unas acciones, en el caso de las *put* es de comprar unas acciones.

Visto de otra forma, el papel del vendedor es inverso al del comprador y viceversa, de igual forma, en cada uno de los escenarios, tanto en las *call* como en las *put*, siempre vamos a encontrar una parte vendedora y una parte compradora. Para que se pueda configurar un contrato *option* debemos tener un activo, una fecha de expiración, un precio de ejercicio y, por supuesto, un comprador y un vendedor.

Ya que las opciones son activos depreciables, un tema importante es la fecha de expiración: tienen un plazo de vencimiento en donde se vence el contrato y ya no se puede ejercer. En dicha fecha se extinguen varios elementos, el primero es el valor extrínseco de la opción, representado en la mayor parte de las ocasiones por el factor volatilidad implícita y el tiempo. Sin embargo, otros factores como las tasas de interés, tienen una afectación en el precio de la opción a largo plazo; por lo regular, en el mercado encontraremos contratos de opciones con fechas de expiración máximas de dos a tres años.

Otro elemento fundamental a la hora de comerciar opciones es el *strike price* —precio de ejercicio—, es el monto que acuerdan la parte compradora y la parte vendedora para efectuar la transacción: en el caso de las *call*, el vendedor se compromete a vender sus acciones en dicho precio; en el caso de las *put*, a comprarlas a ese valor. Los *strikes* que podemos encontrar *in the money,* son aquellos que para el caso de los *call* se encuentran por debajo del precio de la acción, mientras que para el caso de los *put* se encuentran por encima del mismo.

En la siguiente tabla lo explico gráficamente:

	Chain		Positions (1)	Open Orders (1)	
EXPIRATION DAY ‹			Jan 15 '21	Jan 22 '21 ›	**EXPIRATION DAY**

	Calls			Puts	
	Bid	Ask	Strike	Bid	Ask
	3.30 x203	3.40 x39	125.00	0.10 x193	0.11 x173
	2.43 x20	2.48 x34	126.00	0.18 x230	0.20 x252
IN THE MONEY	1.60 x39	1.64 x44	127.00	0.35 x167	0.37 x239	**OUT OF THE MONEY**
AT THE MONEY	0.93 x104	0.96 x55	128.00	0.67 x99	0.69 x77	**AT THE MONEY**
	0.48 x106	0.49 x130	129.00	1.20 x89	1.24 x60
OUT OF THE MONEY	0.22 x50	0.23 x543	130.00	1.94 x20	1.99 x58	**IN THE MONEY**
	0.09 x249	0.10 x100	131.00	2.81 x10	2.86 x66
	0.05 x1009	0.06 x446	132.00	3.75 x46	3.85 x91

Fuente: www.etrade.com

Los *strikes out of the money*, para el caso de las *call*, son todos aquellos *strikes* que están por encima del precio de la acción. Para el caso de las *put*, son aquellos *strikes* que están por debajo del precio de la acción. Sin embargo, hay otro término que no vemos que lo utilicen de manera frecuente: *at the money*, que es el *strike* que se encuentra justo en el precio de la acción. ¿Por qué esto cobra tanta importancia? Porque en el *strike at the money*, es en donde podemos encontrar el mayor valor extrínseco de la acción, representado en volatilidad y en el tiempo para los vendedores de opciones. Aquí hallaremos *strikes in the money*, por supuesto que sí, porque tiene también un componente intrínseco.

El ejercicio se da de dos formas: al estilo americano y al estilo europeo. El estilo americano significa que el comprador del contrato tiene el derecho de ejercerlo en cualquier momento hasta antes de la fecha de expiración, en ese momento, pierde ese derecho. Mientras que el estilo europeo significa que el contrato solamente se puede ejercer en la expiración, no antes.

En la Bolsa de New York, la mayor parte —por decir el 99 %— de las opciones que se ejecutan, son al estilo americano, es decir, el comprador lo puede ejercer en cualquier momento antes de la expiración y el vendedor tiene que estar sujeto a que le puedan ejercer ese contrato en cualquier momento hasta la fecha de expiración. En el estilo europeo vamos a encontrar las opciones sobre índices, como las opciones sobre el S&P 500 (sobre el índice no sobre el ETF), y es que se les pide para que no vayan a levantar las opciones por encima del índice de volatilidad del Dow Jones.

Una cosa son los índices y otra cosa son los ETF que rastrean los precios de los índices —lo vimos en el capítulo fondos mutuos e indexados y ETF—. Entonces, las opciones de los sitios o los ETF (*Exchange Trade Funds*), se ejercen al estilo americano, mientras que las opciones sobre índices se ejercen al estilo europeo. Otro elemento dentro de las opciones son las muy famosas "griegas", que son aquellas variables que determinan el precio de las opciones.

Las grandes griegas de las opciones: Delta, Gamma, Theta, Vega y Rho

Las letras griegas se utilizan para medir la sensibilidad del precio de una opción a distintos factores, como por ejemplo la volatilidad de su activo subyacente.

Delta

Delta es un ratio que mide cuál es el movimiento esperado en el precio de una opción por cada movimiento de $1 en el precio del activo subyacente.

Los *Deltas* en *put* pueden variar de 0 hasta -1. Y en las *call*, *Delta* puede variar de 0 a +1.

Si un *call* tiene un *Delta* de 0.50 y el precio de su acción referida se incrementa en \$1, el precio del *call* subirá, teóricamente y manteniéndose el resto de los factores constantes, \$0.50.

Delta neutral es una de las técnicas más utilizadas a la hora de hacer *hedge* en el movimiento de una acción. *Delta neutral* consiste en combinar una serie de opciones cuya *Delta* agregada sea 1. De este modo, el precio de la opción se moverá, al menos temporalmente, al mismo ritmo que el precio de la acción subyacente.

La griega *Delta* es una de las más populares entre los *traders* de opciones, ya que es relativamente sencilla de entender. A continuación, veremos *Gamma*, la cual da una vuelta de tuerca a lo aprendido hasta el momento.

Gamma

Gamma mide la tasa de variación en la *Delta* de una opción por cada unidad de movimiento en el precio del activo subyacente. A menudo se utiliza una analogía más mundana: *Delta* es la velocidad de una opción y *Gamma* representa su aceleración.

Gamma es pequeña cuando una opción está *deep in the money* o *out of the money*. Y alcanza valores muy altos cuando una opción está fluctuando alrededor de su precio de *strike* (*at the money*).

Theta

Theta, expresada en valores negativos, mide la tasa de variación en el precio de una opción causada por el tiempo entre este momento y la fecha de vencimiento.

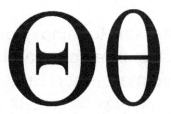

Por ejemplo, si la *Theta* de una opción es -0.35, los inversores esperan que su precio caiga

$0.35 al día, siempre que el resto de los parámetros se mantengan constantes.

Theta Decay, caída del precio de una opción conforme se acerca su fecha de vencimiento.

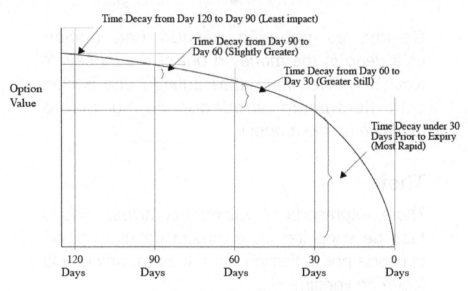

Time Decay from Day 120 to Day 90 (Least impact)

Time Decay from Day 90 to Day 60 (Slightly Greater)

Time Decay from Day 60 to Day 30 (Greater Still)

Time Decay under 30 Days Prior to Expiry (Most Rapid)

Option Value

120 Days   90 Days   60 Days   30 Days   0 Days

Time Remaining Until Expiration Date

Theta Decay es un término popular que describe la curva que representa el precio de una opción conforme se acerca su fecha de vencimiento. Cuanto más cerca está esta fecha, más rápido cae su valor, ya que es más difícil que el precio del subyacente alcance precios alejados del actual.

Vega

Vega mide la sensibilidad del precio de una opción respecto a la volatilidad implícita del activo subyacente. Realmente, *Vega* no es una letra griega, aunque se incluye en el paquete de "griegas" en opciones financieras.

Opciones cuya fecha de vencimiento está muy alejada tienen *Vega* positiva. Aquellas opciones que expiran pronto tienen *Vega* negativa.

Un truco rápido para evaluar si el precio de una opción es competitivo es observar el *spread* de compraventa. Si *Vega* es menor que éste, no merece la pena entrar en ella.

Rho

Rho en la actualidad es una griega casi en desuso, ya que mide el movimiento en el precio de una opción por cada movimiento de un punto porcentual en los tipos de interés. Dado que los tipos actualmente están en niveles cercanos a cero, *Rho* es prácticamente inútil. Pero en dado caso de que te la encuentres ya sabes cuál es su función.

Hay otros términos que me gustaría que conocieras, por ejemplo, ¿qué es el valor extrínseco? El valor extrínseco de la opción es el que se agota con el tiempo, cuando llega la fecha de expiración, lleva el valor a cero. El valor extrínseco de la opción es irreparable y no lo podemos recuperar; la única forma en que gane valor la opción es cuando llega a *in the money* y sobrepasa nuestro *break even price,* otro término que utilizamos los inversionistas, que es el valor para no perder ni ganar, o sea, nuestro punto de equilibrio.

En las opciones también encontramos el valor intrínseco: aquel que es inherente al precio de la opción. En una opción cuyo subyacente se está tasando a 30 dólares y estamos en el *strike* 28, el valor intrínseco de la opción será de 2 dólares porque la diferencia entre el *strike* que es el 28 y el precio de la acción que es 30, es de 2 dólares; ese es el valor que al menos podemos esperar en la expiración y no se le va a perder al contrato de opción.

Por último, tenemos el *premium*: el precio que el comprador paga por ese contrato para tener el derecho de comprar o vender ese activo. Es el valor que el comprador le paga al vendedor y para el vendedor es el valor que él recibe por escribir ese contrato, se conoce también como "prima"

Además se usa el término *long* —estar largo en una posición—, que significa poseer por lo menos un contrato que te dé derecho a poseer el activo; y *short* —estar corto en la posición—, significa que debes la posición, bien sea porque ya la tienes prevendida a través de un contrato, o también cuando pides prestadas acciones para beneficiarte en una eventual bajada de la acción; entonces el *long* y *short* no se refiere a fechas largas o cortas de vencimiento, largo se refiere a si tenemos la posición, si somos poseedores o dueños y tenemos el control; si estamos cortos, no tenemos ya control sobre ella porque la tenemos ya negociada y en algún momento tendremos que cubrir la posición.

Otro término que es muy usado es el término *roll*, lo vas a escuchar como en *rollover forward*, que significa mover la fecha de expiración del contrato; por ejemplo, si tenemos una fecha de vencimiento cercana, hacerle un *rollover* o un *road forward*, significa cerrar el contrato vigente y moverlo para una fecha de expiración posterior en el tiempo. También existen los términos *roll up* y *roll down*, que se refieren a mover el *strike* hacia arriba y hacia abajo.

Encontramos otro término que se llama *leaps* —*long term equity anticipation security*—, que se utiliza para una opción que tiene una fecha superior al menos a un año en el tiempo; hay quienes dicen que los clips son aquellos que tienen una fecha superior a 9 meses, pero por definición son los que tienen una fecha superior a un año de expiración. Muchos utilizan estas estrategias para beneficiarse del apalancamiento que brindan las opciones.

La volatilidad implícita nos dice cómo se espera el movimiento del precio de la acción en los próximos 12 meses; si encontramos una volatilidad implícita del 20 %, significa que, con respecto al precio de la media del mercado, ese activo se podrá mover 20 % hacia arriba o 20 % hacia abajo durante ese periodo.

Sin duda, ha sido un capítulo largo, pero he tratado de explicar primero de forma simple y luego adentrándonos más en todas estas terminologías, para que puedas tener un concepto más amplio de cómo operan las opciones. Pero no necesitas aprenderte todos estos tecnicismos, pues dependiendo del tipo de inversiones que realices, vas a utilizar unos u otros.

Mas adelante, te voy a explicar de manera más resumida y sencilla como realizo mis inversiones y los puntos que realmente son importantes, mismos que deberías tener presentes antes de hacer una inversión.

Si bien es cierto que muchos inversionistas se inclinan por acciones, bonos, futuros, *criptomonedas* o *forex*, otros preferimos las inversiones en las opciones financieras por razones obvias y que explico a continuación.

Una gran ventaja es que en la mayoría de los casos encontrarás el precio de las opciones mucho más barato que el de las acciones, gracias a esto, podrás hacer mucho más con el dinero que tienes destinado para invertir; también encontrarás mayor amplitud de oportunidades para invertir que si lo hicieras con acciones, lo cual te permite aumentar tus beneficios potenciales.

La inversión en opciones te da la posibilidad de abrir y cerrar posiciones mucho más rápido y con un riesgo muchísimo menor en comparación con otras inversiones o valores. También es más económico comprar una opción que el activo subyacente que acompaña a la opción y, a su vez, te ayuda a tomar el control de 100 acciones por cada contrato de opción con menos dinero por adelantado.

Con un ejemplo comparativo entre acciones y opciones entenderás mejor qué tan grandes pueden llegar a ser los beneficios de operar con estas últimas. Digamos que una acción que cuesta 50 dólares sube de precio unos 10 en una semana llegando a costar 60 dólares, esto te daría un 20 % de rentabilidad sobre tu inversión en dicha acción. Ahora digamos que compras un contrato de opción de esa misma acción que cuesta 50 dólares, donde escoges el *strike price* de 54 y el costo de tu contrato es de 20 dólares; con la misma subida de los 10 dólares tu contrato se pondría 6 dólares en *in the money* por lo que ese contrato de opción tendría un valor de aproximadamente 600 dólares dejándote un 3,000 % de rentabilidad sobre tu inversión. Esta —entre otras— es una de las razones por las que me he especializado en este tipo de inversiones con opciones. Más adelante en el libro verás algunos ejemplos de órdenes de compra y venta que he realizado.

))

Los mejores inversionistas no son los mejores debido a la genética, sino a sus hábitos.

CAPÍTULO VIII

VELAS JAPONESAS (CANDLESTICK)

"Conoce lo que posees y
conoce por qué lo posees".

—Peter Lynch

L as velas japonesas son una alternativa a la representación gráfica habitual en forma de línea, que te muestro continuación:

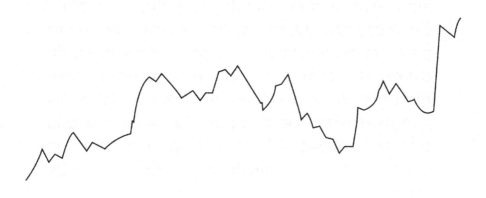

El gráfico anterior muestra la cotización de un activo financiero en forma de línea, que se dibuja uniendo los precios de cierre al final de cada periodo. Por ejemplo, un gráfico diario, representará la unión de los precios de cierre al final de cada día. Si el gráfico fuera de periodicidad semanal estaría formado por los precios de cierre al final de cada semana. La única información que podemos apreciar, son los precios de cierre. Por lo que no utilizo ni recomiendo este tipo de gráfico ya que la información que ofrece es muy poca y a la hora de tomar decisiones de inversión necesitamos recopilar más información.

Dicho esto, existen diferentes opciones para obtener más información sobre el precio con un simple vistazo al gráfico. Una de esas opciones son los gráficos de velas japonesas. Las velas japonesas, a diferencia de los gráficos en forma de línea, nos informan, en general, de cuatro parámetros. Expresan el precio de apertura, de cierre, el máximo y el mínimo. Además, para distinguir entre periodos alcistas y bajistas, se suelen rellenar los cuerpos de cada vela con distintos colores. A continuación, te muestro un ejemplo de un gráfico en forma de velas japonesas:

Estructura de las velas japonesas

Como ya hemos dicho, las velas japonesas tienen la principal ventaja de nutrirnos de más información con un simple vistazo. Quizás, al principio, pueda parecer más complejo. Sin embargo, aunque en realidad es así, con el tiempo y la experiencia resulta mucho más fácil analizar este tipo de gráficos. Para aprender a interpretarlos, explicaremos la estructura de las velas japonesas.

Podemos diferenciar entre velas japonesas alcistas y bajistas. Dicho sea de paso y, para abreviar, en ocasiones haremos referencia al término «velas» como sinónimo de velas japonesas. Las velas alcistas se colorean de blanco o de verde, mientras que las bajistas se colorean de negro o de rojo.

La estructura de las velas japonesas es la siguiente:

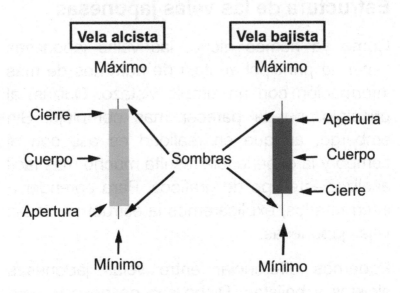

Lo que representa cada parte de la vela se explica a continuación:

- *Apertura:* es el primer precio al que cotiza el activo financiero en el periodo de referencia.

- *Cierre*: es el último precio al que cotiza el activo financiero en el periodo de referencia.

- *Cuerpo:* conjunto de precios que se encuentran entre la apertura y el cierre en el periodo.

- *Máximo:* es el precio más alto al que ha cotizado el activo en el periodo de referencia.

- *Mínimo:* es el precio más bajo al que ha cotizado el activo en el periodo de referencia.

- *Sombra:* nos informa de precios a los que ha cotizado el activo, pero que no son ni el precio de cierre, ni el de apertura, ni mínimos, ni máximos.

En este sentido, podemos encontrarnos con velas que no tengan sombras, ya que, su mínimo o máximo es igual al precio de cierre o de apertura. Pueden tener dos, solo una o pueden no tener sombra. Así pues, distinguiremos tres casos:

- El precio de apertura es igual al mínimo (velas alcistas). El máximo es igual al precio de apertura (velas bajistas).

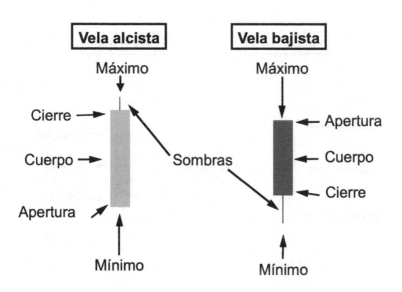

- El cierre es igual al máximo (velas alcistas). El precio de cierre es igual al mínimo (velas bajistas).

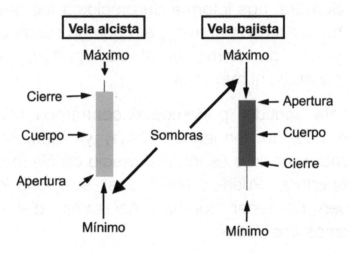

- Apertura y cierre coinciden con los precios máximos y mínimos.

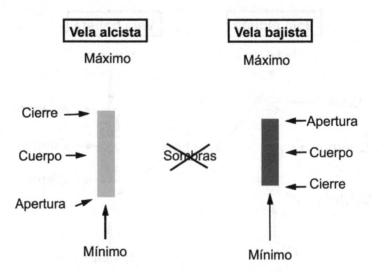

Patrones de velas japonesas

La razón por la cual es importante conocer las muchas formas que pueden adoptar las velas japonesas, radica en su utilidad para analizar el precio. Esto es, según la forma que tenga una vela o un conjunto de ellas, tendrán ciertas implicaciones. Los patrones de velas japonesas se incluyen dentro del análisis técnico. Más concretamente, dentro del análisis chartista. Si bien es cierto —todo sea dicho—, algunos analistas lo consideran un tipo de análisis en sí mismo. A continuación, te muestro un ejemplo de velas japonesas con implicaciones alcistas y bajistas.

Vela japonesas que indican un posible movimiento al alza

Vela japonesas que indican un posible movimiento a la baja

En lugar de velas japonesas independientes, podemos destacar también conjuntos de velas, los cuales, al igual que en el caso anterior, nos indican que es probable que el precio tome una u otra dirección.

Patrones de velas que indican un posible movimiento al alza

Patrones de velas que indican un posible movimiento a la baja

Los patrones anteriormente expuestos son muy estudiados. Es decir, cada uno tiene una explicación. Existe una amplia literatura al respecto con cientos de patrones, pero más importante que los patrones en sí, es el contexto en el que ocurren. Dicho de otra forma, la validez e importancia de los patrones depende del punto de la tendencia en que aparezcan. Con lo cual, los patrones vistos son ejemplos muy sencillos que por sí solos no significan demasiado. Además, algunos analistas combinan este análisis con otras herramientas como el volumen bursátil, del cual les hablaré en los capítulos de promedios móviles y estrategias.

Por último, es imprescindible destacar dos cuestiones. La primera cuestión es que, como todos los tipos de análisis, no es infalible. Esto es, nos indica que es probable que se dé un movimiento y, por tanto, al ser probable no es seguro. La segunda cuestión, tiene que ver con que los patrones no son perfectos: no siempre suceden exactamente con la misma apariencia que los ejemplos, por lo cual, dominar el análisis de las velas japonesas requiere tiempo y experiencia.

"Cuanto más trabaje tu dinero, menos tendrás que trabajar tú".

—T. Harv Eker

CAPÍTULO IX

APALANCAMIENTO

"Invierte en ti mismo, tu carrera
es el motor de tu riqueza".

—Paul Clitheroe

A palancamiento es un término financiero que hace referencia a la relación entre el capital propio y el crédito obtenido a la hora de realizar una inversión. Es un concepto que está directamente relacionado con el uso de deuda para financiar una operación inversora. Mediante el apalancamiento, el inversor deposita una cantidad en concepto de garantía y el bróker le ofrece una cantidad proporcionalmente mayor de fondos como préstamo, para que pueda abrir posiciones con un volumen mucho mayor de las que podría hacer solo con su capital. El objetivo de la utilización del apalancamiento financiero es multiplicar los beneficios en términos absolutos, puesto que se aplica la misma rentabilidad obtenida en la operación a un capital mayor.

Cuando eres principiante o estás comenzando en el mundo de las inversiones, una de las primeras decisiones que debes tomar para poder invertir, es abrir una cuenta con un bróker; llegado este momento, tienes que resolver si aperturas una cuenta de margen o abres una cuenta *cash*. En este capítulo te explicaré las diferencias y así sabrás si usas el apalancamiento o compras con tu efectivo.

Comenzaré con la cuenta de margen —*margin* en inglés—, porque es muy importante que entiendas cómo funciona, cuáles son las ventajas y desventajas de hacer *trading* con margen y, además, las responsabilidades que debes tener en cuenta cuando usas una cuenta con un apalancamiento en lugar de una con *cash* o efectivo. El margen o apalancamiento proviene de una frase del matemático, físico, ingeniero, inventor y astrónomo griego Arquímedes, que decía: "Dame una palanca y moveré el mundo", y es que el margen es una especie de palanca financiera. Entonces, explicado de manera simple, apalancamiento es el dinero que se toma prestado de tu bróker para comprar o invertir más dinero del que realmente tenemos.

Cuando abrimos una cuenta con efectivo o lo que se llama *cash account,* solamente podemos invertir con nuestro dinero sin poder acceder al dinero adicional. Suponiendo que tenemos diez mil dólares, pues únicamente vamos a poder comprar esos 10,000 dólares de acciones; esto tiene también sus beneficios y desventajas.

Ya sabiendo la diferencia entre margen y *cash* —o al menos la más importante—, enfoquémonos ahora en la *margin account*. Para entrar más en detalle, el apalancamiento es la diferencia entre el valor total de las acciones que compraste y el monto o dinero que te prestó tu bróker para realizar la compra, simplemente es el acto de pedir dinero prestado para comprar acciones. Similar, pero no igual a cuando pedimos un crédito al banco para comprar una casa o un auto, porque en este caso, quien te presta el dinero es el bróker con el que tienes tu cuenta de inversión y los términos son diferentes. Usualmente, cuando compramos acciones usando margen, los compradores pagamos un porcentaje del valor de estas acciones y tomamos el resto prestado del bróker para aumentar el valor de la inversión o la cantidad de acciones que podemos comprar. El bróker actúa como prestamista y las acciones totales que compraste serán la garantía sobre ese préstamo.

¿Qué se requiere para abrir una cuenta con margen? Pues la FINRA —siglas en inglés de la junta de reserva federal que regula a los brókeres—, requiere una inversión inicial mínima de 2,000 dólares para una cuenta de margen. Cabe destacar que algunos brókeres piden más como mínimo para acceder a los beneficios del apalancamiento. Este es solo el mínimo requerido por la ley.

Una vez que la cuenta está abierta y operativa, con esos 2,000 dólares podrás pedir prestado hasta el 50 % del precio —el máximo establecido por ley— de compra de una acción. No necesariamente todo el tiempo van a dar el 50 % para que compres acciones, eso depende de muchos factores, incluyendo qué acción o valor vas a comprar, a qué precio, cuánta volatilidad hay en los precios y si el bróker la considera que aplica para margen o no, o sea, si te ofrecen préstamos de apalancamiento sobre esta acción o valor; ya veremos algunos detalles adicionales más adelante sobre esto, pero en esencia eso es el margen o apalancamiento.

Permíteme darte un ejemplo sencillo: digamos que quieres comprar unas 100 acciones de Tesla y que el precio es de 800 dólares por cada acción. Por lo tanto, para hacer esa compra necesitarías un total de 80,000 dólares. Si el problema es que no tienes el dinero suficiente para comprarlas, aquí es donde usas el apalancamiento. Puedes adquirirlas con margen si tienes una *margin account* y suficiente efectivo en esa cuenta, básicamente estarías solicitando un préstamo al bróker —en mi caso a E*TRADE, que es uno de los brókeres que uso— para poder invertir. Entonces, necesitarías tener 40,000 dólares en tu cuenta y obtener un préstamo del bróker por los otros 40,000. O sea, el 50 % del valor total de apalancamiento suponiendo que te dejaran pedir el máximo permitido por la FINRA. Claro que no siempre sucede así, aunque en base al dinero que tengas tu cuenta te mostrarán cuánto margen tienes, también tienes siempre la opción de llamar a tu bróker y ver todo lo referente al respecto.

Uno de los beneficios que recibes de las acciones compradas con margen es que, si las acciones aumentan de valor, puedes utilizar las ganancias para ir pagando el préstamo inicial; en nuestro ejemplo pediste prestados 40,000 dólares, pero te quedas con las ganancias sobre la inversión de 80,000, no de solamente los 40,000 que era tu efectivo disponible. Obtienes más ganancias, ya que estás invirtiendo en una posición mayor a la que podías pagar con el capital que tenías inicialmente. Ahora supongamos que el precio de la acción de Tesla sube en un mes —tal y como ocurrió recientemente—, de 800 a 1,240 dólares y decides vender las 100 acciones a este precio; sería un total de 124,000 dólares. En este punto puedes devolverle al bróker el préstamo de 40,000 más los intereses, digamos de un 8 %, serían aproximadamente 3,200, por lo que una vez pagados los 43,200 al bróker, nos quedarían 80,800 dólares, generándote más de un 100 % de ganancia sobre el dinero que teníamos inicialmente en la cuenta, todo esto gracias al apalancamiento.

Es preciso saber que el apalancamiento también puede ser un arma de doble filo, por eso, a las personas con poca experiencia les conviene tomar las cosas con cautela y entender sobre todo cuáles son las repercusiones de tener una cuenta con margen. Si por el contrario, el valor de las acciones baja repentinamente tu pérdida se va a agravar, ya que aún vas a ser responsable por pagar el préstamo original de 40,000 dólares. Parecido a si compraras una casa y luego la misma baja de precio en el mercado, el banco va a requerir que pagues tu préstamo inicial por el valor en que la compraste, no por el costo actual. Incluso, en una caída repentina te pueden poner en lo que se llama *margin call* —una llamada de margen—, donde se te va a pedir que deposites lo necesario para mantener el mínimo de margen sobre el préstamo que tomaste. Ya luego te explicaré más sobre esta temida llamada de margen y cómo puedes terminar perdiéndolo todo.

Asimismo, hay muchas acciones que aun teniendo una cuenta de margen no te permiten pedir apalancamiento, pero ya te informarán al iniciar una compra si la misma califica y bajo qué términos puedes comprarla. Finalmente, la FINRA también requiere por ley, que debes mantener en tu cuenta un mínimo del 25 % con relación al valor total de las acciones que tienes en esta. Los brókeres pueden establecer diferentes márgenes tanto mínimos como de mantenimiento, siempre que sean más estrictos que las reglas federales. En ocasiones, el bróker decide los mínimos de mantenimiento para una acción o valor de acuerdo con la volatilidad percibida —qué tanto y con qué frecuencia se mueven los precios—, si él cree que hay una buena posibilidad de que el valor de las acciones caiga drásticamente, el mínimo de mantenimiento podría ser hasta el 75 %, esto puede ser un problema pues recordemos que el valor de las caídas de tus acciones va a salir de tu capital inicial.

Para entenderlo mejor, volvamos al escenario donde compramos 100 acciones de Tesla a 800 dólares cada una, para un total de 80,000 dólares, de los cuales solamente 40,000 eran tuyos y la otra mitad eran del bróker; si la acción cae a 600 dólares, entonces los 80,000 originales ahora solo valen 60,000 dólares, sin embargo, el valor proviene del capital de 40,000 con el que empezaste, eso significa que acabas de perder el 50 % de ese dinero y ahora te quedan solamente 20,000. Dado que el valor total de las acciones es ahora de 60,000 y te quedan 20,000, aún tienes un 33.33 % aproximadamente de capital en la cuenta, que cumple con el mínimo de mantenimiento del 25 % requerido, por tanto, el bróker te dejará mantener la posición a compra abierta a pesar de la pérdida.

Ahora bien, sabemos que si vendes tus acciones a este precio solo recuperarás 20,000 dólares de la inversión en efectivo original de 40,000; pero si no vendes y el valor de la acción cae aún más, las cosas empeoran mucho, pero mucho más: imagina que la acción caiga a 500 dólares, lo que compraste con 80,000 ahora solo vale 50,000, por lo que estarías perdiendo otros 10,000 en valor adicional que nuevamente provienen de tu capital, el cual comenzó en 40,000, bajó a 20,000 cuando llegó a 600, pero en la caída a 500 bajó 10,000 más. En este punto, tus 10,000 restantes de capital propio son menos del 25 % del valor de la cuenta que ahora es de 50,000, ahí es cuando el bróker va a emitir la llamada de margen, ya sea vía telefónica o por correo electrónico, y a partir de ese momento, tienes una cantidad limitada de tiempo —generalmente 1 o 2 días dependiendo de cómo se detalló previamente en los términos y condiciones de la cuenta del bróker—, para depositar el suficiente efectivo que cubra el mínimo de 25 % de mantenimiento.

En este ejemplo de Tesla, deberías girar 2,500 para lograr un capital de 12,500 que es el 25 % de 50,000. Básicamente estás comprando tus propias acciones por un valor de 2,500 cuando haces este depósito, reembolsando parcial- mente el préstamo de 40,000 que te dio el bróker. Por eso recomiendo que tengas un efectivo de reserva, por si algún día te hacen una llamada de margen, la puedas cubrir. Es importantísimo que pidas solo lo que puedes cubrir y abro un paréntesis para que recuerdes que los mínimos requeridos cambian de acuerdo con cada bróker, aunque el mínimo de 25 % es por ley, puede ser más, algunos brókeres requieren del 30 y hasta 40 % del mínimo de mantenimiento en la cuenta, pero nunca será menos del 25 %.

¿Qué pasa si no cumples con la llamada de margen depositando más dinero para cubrir el mínimo de 25 %? En este caso el bróker potencialmente puede vender toda la parte que posee de tus acciones, al precio en el que estén para cubrir tu deuda con ellos y cumplir con los requisitos de la FINRA. En el último de los casos, donde repentinamente las acciones perdieran casi todo su valor, puede ser que, incluso, le quedes debiendo dinero al bróker — aunque esto solo pasa en casos extremos, donde las caídas son muy grandes—. Quiero recalcar que cuando la gente no sabe que eso puede pasar, empieza a comprar en grande con dinero prestado y terminan perdiendo todo al amplificar sus deudas por apalancamiento. El margen debe ser usado con responsabilidad, es una manera muy buena de crecer en las inversiones y tener más poder de compra o lo que se llama *buying power* en el mundo del mercado de valores; siempre hay que tener disciplina y un buen plan antes de hacer una inversión.

Recapitulemos y veamos otras reglas importantes del apalancamiento y las cuentas con margen: en esencia, magnifica tu oportunidad de ganar, pero pasa también lo mismo con las pérdidas; destacar que pagarás un interés mensual sobre el dinero que te hayan prestado —en el caso de E*TRADE es del 8.45 % hasta 25,000 dólares, si ya pides más va bajando el porcentaje—; recuerda también que no todas las acciones pueden comprarse con margen, la junta de reserva federal regula qué acciones califican y cuáles no; como regla general, los brókeres no permitirán que los clientes compren *penny stocks*, tampoco acciones que se venden en los mercados de venta libre o lo que se conoce como autos y *markets*, o IPO — ofertas públicas iniciales—, con margen debido a los riesgos diarios involucrados con el precio de estas acciones; de igual forma, cuando las empresas abren en la bolsa, al principio son bastante volátiles, entonces los brókeres también pueden decidir no ponerle margen a ciertas acciones.

Siempre antes de comprar, busca un lugar donde te indiquen que tipo de condiciones tienes, con qué acciones en específico y cuáles son los requerimientos de margen. Uno de los beneficios del *trading margin* es hacer lo que se llama short *selling* —venta corta— que, es cuando ganas dinero con las caídas de las acciones, algo que no puedes hacer si solamente tienes un *cash*. Lamentablemente las cuentas de margen por debajo de los 25,000 dólares están sujetas a la famosa regla PDT — *Pattern Day Trader*—, en la que no puedes abrir o cerrar más de cuatro posiciones en el mismo día por un periodo de 5 días hábiles. Esta regla no es aplicable si quieres hacer *trades* con efectivo solamente.

Esto es algo muy molesto para los *traders* y las personas que hacen *day trading*, o sea, que compran y venden el mismo día usando tácticas para ganar en los movimientos del precio —como las que aprenderás en el capítulo de estrategias—, ya que solo los limita a cuatro *trades* por un periodo de 5 días hábiles. Ahora, si mantienes tu cuenta con más de 25,000 dólares, ese límite queda sin efecto, permitiéndote abrir y cerrar todas las posiciones que desees siempre y cuando el balance de tu cuenta se mantenga por encima de esta cantidad.

También es básico saber que no tienes que pedir un margen de hasta el 50 % solamente porque está disponible, siempre es mejor más efectivo y como de un 15 a un 25 % de apalancamiento, simplemente comprando menos cantidad de lo que el bróker te permite comprar como máximo. Es como las tarjetas de crédito o los préstamos: si ganas usando margen y tu capital se incrementa, el bróker te dejará pedir más dinero sobre ese nuevo capital, pero al igual que en una tarjeta o línea de crédito, solo porque tienes 20,000 dólares de límite de crédito, no significa que tienes que usarlos. En otras palabras, todo depende de ti como inversor y de cuánto estés dispuesto a invertir y arriesgar.

"Si de verdad piensas que puede funcionar, serás capaz de ver grandes oportunidades, y si por el contrario, crees que no funcionará, verás solamente obstáculos".

— Wayne Dyer

CAPÍTULO X

BANDAS DE BOLLINGER

"El problema del inversor no es lo que no sabe, sino lo que cree que sabe, aún estando equivocado".

—George Soros

En este capítulo hablaremos acerca de las bandas de Bollinger (*Bollinger bands*), que a mi entender son una de las herramientas más poderosas a la hora de hacer inversiones de *trading*. Su uso correcto —tal y como te lo voy a explicar—, me ha generado utilidades de cientos de miles de dólares y todo lo que vas a aprender a continuación tiene el poder de cambiar tu economía para siempre.

Antes de adentrarnos en las bandas de Bollinger quisiera hablarles un poco de su historia.

Este famoso y popular indicador, el cual encontrarán en todas las plataformas de los gráficos como *Bollinger bands*, fue creado por John Bollinger, que es un muy conocido analista técnico y gestor de carteras de inversiones, con una vasta experiencia en el mundo de las inversiones. John Bollinger buscaba incorporar conceptos estadísticos en torno a una media móvil que, a su vez, crearan una banda que se adaptara mucho mejor a la volatilidad del mercado.

Por aquel entonces, ya existían indicadores de banda en torno al precio como el porcentaje sobre una media móvil, los canales Donchian o las bandas Bowman. Pero todas estas herramientas anteriores tenían una carencia muy importante: no se adaptaban bien a los cambios de volatilidad. Hasta finales de los años setenta se pensaba que esta era constante en los mercados y que no cambiaba a lo largo del tiempo. Hoy en día, todos los inversores tenemos claro que es cíclica y se alterna en periodos de alta y baja volatilidad.

John Bollinger se dio a la tarea de crear un sistema gráfico para resolver este problema. Estudió distintas alternativas para poder incorporar la volatilidad programando con uno de los ordenadores que existían en el mercado para ese momento: un Zilog Z80 con un obsoleto sistema operativo S100, tan solo 64 kB de memoria y en una hoja de cálculos SuperCalc —no existía la tecnología de la que disponemos hoy—. Al final y luego de un arduo trabajo, llegó al diseño que hoy conocemos. Gracias gracias y más gracias John Bollinger, tu descubrimiento me ha ahorrado miles de dólares en *trades* fallidos y me ha generado cientos de miles en *trades* aceptados.

John Bollinger llegó a la conclusión de que, si agregaba un concepto estadístico llamado desviación típica o desviación estándar, las bandas se podrían adaptar con muchísima rapidez a los cambios de volatilidad. La desviación típica es un concepto sencillo de entender, mide la dispersión o separación de los resultados respecto a una media o promedio. Según las investigaciones que Bollinger realizó en su momento, el 88 % del tiempo el precio se encontrará dentro de la distancia de dos desviaciones típicas respecto a su media móvil, por lo que la mayoría del periodo el precio se mantendrá dentro de las bandas tal y como se muestra en la siguiente imagen:

Fuente: www.TC2000.com

Se trata de la compañía Tesla, Inc., en el marco de tiempo hora; como podemos apreciar, las velas se mantienen la mayor parte del tiempo dentro de las bandas de desviación típica.

Cuando la volatilidad aumenta, las bandas se abrirán porque la dispersión ha aumentado y por lo tanto también aumentará la desviación típica; justo ocurre lo contrario cuando la volatilidad disminuye. Otro aspecto para tener en consideración es que es cíclica: después de bajos niveles de volatilidad siempre vendrán altos niveles y a la inversa. Ambos ejemplos se pueden interpretar de manera visual en el siguiente gráfico:

Fuente: www.TC2000.com

La media móvil que debes poner a la hora de configurar el gráfico es opcional. Según la investigación que realizó John Bollinger, la media móvil simple de 20 periodos junto con 2 desviaciones típicas, se adapta perfectamente a todos los marcos de tiempo. De hecho, esa configuración es la que utilizo siempre. No mencionaré otras configuraciones porque mi propósito es mostrarte lo que he probado y me ha dado resultados excelentes. Con esto, quiero decir que no es necesario que se pongan a modificar las desviaciones típicas lejos de dos, porque funciona muy bien con cualquier media móvil que desees usar. Aunque con la media móvil de 20, los resultados de las estrategias funcionan en más del 80 % de las veces.

Uno de los usos que le doy a *Bollinger*, es combinarlo con otro patrón técnico: el gráfico de las medias móviles de 20, 40, 100 y 200, porque nos da un marco relativo de si el precio está bajo o alto, no solo en la escala horizontal mostrada en el gráfico, sino también respecto de las propias bandas, para detectar la tendencia en la que nos encontramos y así poder aplicar luego las respectivas estrategias de inversión.

En *Bollinger bands* utilizo los marcos de tiempo hora, y día, aunque siempre comienzo el análisis en el marco de tiempo 15 minutos, porque me va a mostrar primero lo que podría suceder en el marco de tiempo hora; lo mismo sucederá con hora, me va a mostrar lo que podría suceder en día, pero para determinar en qué tendencia estamos, lo defino en hora y en día. Es muy fácil de identificar, según la dirección en la que vaya la media móvil de 20 periodos en el marco de tiempo día y hora: en el caso de la tendencia al alza, los precios se encontrarán por encima de la media móvil de 20 y, a su vez, la media móvil se verá de manera ascendente al igual que las bandas de desviación típicas, esa es la dirección en que está la tendencia, como observamos a continuación:

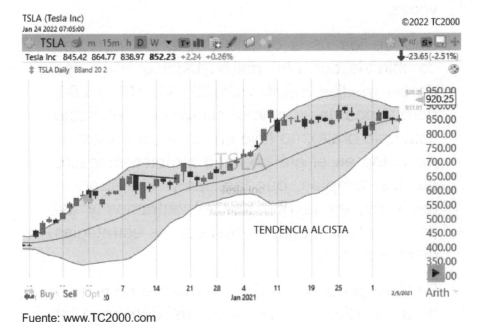

Fuente: www.TC2000.com

En el próximo gráfico, te muestro como se vería la tendencia a la baja, en este caso los precios siempre se encontrarán por debajo de la media de 20 periodos y, a su vez, esta se verá de manera descendente en conjunto con los 2 bandas de desviación típicas.

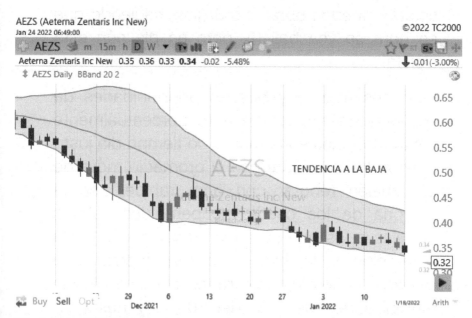

Fuente: www.TC2000.com

Cabe destacar que, una vez analizados los periodos de las tendencias, pueden mostrar resultados diferentes, por ejemplo, puede ser que en el marco de tiempo hora nos encontremos en tendencia bajista, la cual pudo haber comenzado un día atrás; sin embargo, en el marco de tiempo día, nos encontramos en tendencia al alza. Este punto es muy importante porque muchas veces ocurre que el mercado hace pequeñas correcciones que suelen comenzar cuando los precios se encuentran en día, pegados a la parte superior del desviador típico y pueden durar 2 o 3 días, haciendo que en hora se vea bajista, pero en día aún está alcista.

Esto nos trae muy buenas oportunidades de entradas de alto rendimiento porcentualmente hablando, pues en el marco de tiempo día justo cuando los precios tocan el promedio móvil de 20, suelen rebotar con gran rapidez; en la mayoría de los casos recuperan los valores iniciales a los que se encontraban antes de la corrección y lo hacen con tal fuerza, que valorizan nuestros contratos *call,* dándonos rentabilidades de más del 100 % y hasta un 500 % sobre nuestra inversión. Puede ocurrir en algunos casos en el mismo día dependiendo de la velocidad con la que el precio de la acción sube cuando toca este punto al que yo llamo "rebote en punto medio".

Lo mismo sucede a la inversa: cuando en el marco de tiempo día nos encontramos en un canal bajista, pero en el marco de tiempo hora nos encontramos en un canal alcista. Este escenario lo vamos a encontrar cuando los precios en día se encuentran muy cerca del desviador típico inferior y hacen una corrección hasta acercarse a la media móvil de 20, la cual está mostrando una tendencia bajista; una vez que los precios tocan o se acercan a punto medio —media móvil de 20 periodos—, pues continúan cayendo —en la mayoría de los casos con mucha fuerza—, dándole continuidad a la tendencia, a pesar de que en el marco de tiempo hora por 2 o 3 días se veía alcista. Fue el tiempo que le pudo haber tomado a los precios en día para llegar a punto medio, pero en hora se mostraba como tendencia al alza. El saber identificar esto te permite obtener grandes rentabilidades en este caso con los contratos *put*. Ambos ejemplos en hora y día te los muestro en los siguientes gráficos:

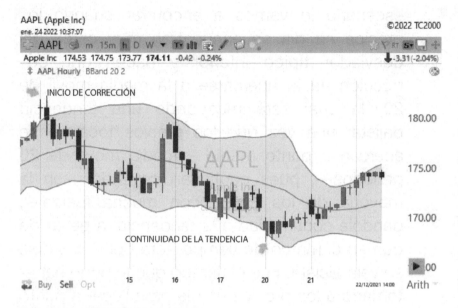

Fuente: www.TC2000.com

Es el caso de la compañía Apple en el marco de tiempo hora; tal y como pueden apreciar, se muestra como una tendencia bajista. Pero como verán a continuación en el gráfico de día no lo estaba. Lo que sucedió fue que los precios comenzaron una corrección debido a que estuvieron subiendo durante 8 días seguidos, y es común que después de un evento así, los precios corrijan y se acerquen o toquen la media de 20 periodos en el marco de tiempo día, para luego continuar con la tendencia como en efecto pasó y se los muestro a continuación:

Fuente: www.TC2000.com

Tal y como observamos en la imagen de Apple, cuando en el marco de tiempo día el precio tocó punto medio se mostraba en canal alcista, lo cual era algo que yo estaba esperando pues estas oportunidades suelen presentarse entre una y tres veces en una tendencia al alza. Por tanto, compré 100 contratos *call* cuando el precio se encontraba a 169 dólares y obtuve el *strike price* a 175. Como esto ocurrió el lunes, los adquirí con fecha de vencimiento hasta el viernes y me costaron 45 cada contrato para un total de 4,500 dólares, más 50 de comisiones pues el bróker te cobra 50 centavos por cada contrato en la compra y también en la venta.

Fuente: www.TC2000.com

Debido a mi experiencia en estos casos, sé que cuando el precio en el marco de tiempo día visita la media móvil de 20, suelen subir por varios días y buscan o se acercan al precio donde comenzó la corrección; incluso en algunas ocasiones lo superan. En el caso de mis 100 contratos *call*, el viernes, en la apertura del mercado costaban a 250 dólares cada uno ya que me encontraban en *in the money*, por lo que mi inversión de 4,500 dólares se convirtió en 25,000 ¡en tan solo 4 días!, dejándome una rentabilidad de 20,400 luego de sacar la inversión y las comisiones. Así de poderosa es esta estrategia.

Te muestro otro ejemplo, pero a la inversa con una tendencia a la baja, aunque en hora se muestra por 4 días al alza como verán a continuación:

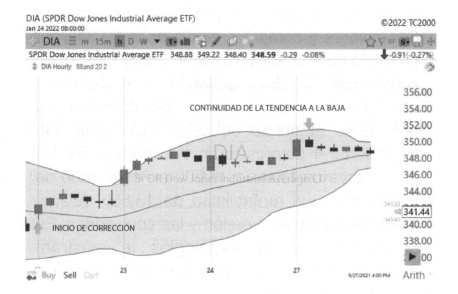

Fuente: www.TC2000.com

Tal y como se muestra en la imagen anterior de un ETF del Dow Jones, en el marco de tiempo hora se ve alcista mientras que la tendencia en el marco de tiempo diario está bajista. En el siguiente gráfico se muestra un caso donde le tomó 4 días al precio del ETF llegar al punto medio, como haciendo una corrección a la caída y provocando que los precios suban por un periodo de entre 2 y 5 días, que es lo que suele suceder en las tendencias bajistas. Al final continuar la tendencia a la baja tal y como se muestra en el gráfico anterior.

Explico el ejemplo anterior: adquirí 50 contratos *put* el martes cuando el precio se encontraba a 347 dólares y compré el *strike price* de 342 por un costo de 42 para un total de 2,100 más 25 de comisiones; 2 días después —el jueves—, vendí todos los contratos por 320 dólares cada uno, pues el precio del ETF bajó hasta 338 dejándome 4 dólares en *in the money*. Por los que obtuve un total de 16,000 en este *trade* de 2 días con una rentabilidad de 13,850 dólares luego de restar la inversión y las comisiones. En el capítulo de las estrategias te mostraré muchas otras de las tantas técnicas que utilizo para mis inversiones.

Hay otros aspectos fundamentales a la hora de tomar la decisión de abrir una posición —hacer un *trade*—, como el hacer un análisis profundo pasando por los tres marcos de tiempo antes mencionados, comparando con el gráfico de los promedios móviles, así como el volumen y la volatilidad, entre otras particularidades que conocerás a continuación, para ser más efectivos en nuestras inversiones y que nuestro grado de utilidades en la cuenta siempre vaya en aumento. Yo le llamo a esto hacer un *check list*, no es más que ir punto por punto revisando todos los aspectos que se deben estar cumpliendo en el patrón del gráfico y, de esa forma, saber si tiene todos los requisitos para aperturar dicha posición ya sea un *call* o un *put*. Todos estos puntos los veremos en el capítulo de las estrategias.

CAPÍTULO XI

PROMEDIOS MÓVILES

"Debes hacer grandes apuestas cuando las probabilidades estén a tu favor, no lo suficientemente grandes como para arruinarte, pero lo suficientemente grandes como para marcar una diferencia".

—Bill Gross

Mucho antes que existieran las primeras computadoras las medias móviles ya eran utilizadas, fueron el primer indicador técnico que se inventó. Todas ellas son utilizadas para filtrar el ruido del mercado y aclarar el sentido de la tendencia, ya que eliminan los movimientos de menor importancia que podrían estar ocultando lo que realmente está haciendo el mercado. Su método es muy sencillo: lo único que hacen es calcular el precio promedio de un periodo determinado en el pasado. El resultado se traza en un gráfico de líneas junto al gráfico de precios y se pueden incorporar tantas como se desee.

Dependiendo que tipo de *trading* hagas van a ser las medias móviles que incorpores a tu gráfico con distintas configuraciones. En mi caso yo utilizo la media móvil de 20, 40, 100 y 200 en los marcos de tiempo hora y día. Más adelante aprenderás cómo las utilizo y las estrategias que aplico con ellas. Este tipo de indicadores son más apropiados para la detección de tendencias, pero también pueden ser útiles para el análisis de la evolución del precio en distintas temporalidades.

¿Cómo se calculan las medias móviles?

Las medias móviles no son más que el promedio móvil, para calcularlas se van tomando los últimos periodos que se han parametrizado, es decir, para una media móvil de cinco periodos se toman los últimos cinco datos de cierre del precio y se saca su media.

DÍAS	PRECIO DE CIERRE	PROMEDIO MÓVIL
1	2661	
2	2642	
3	2714	
4	2793	
5	2740	2730
6	2762	2728
7	2820	2737
8	2642	2724
9	2720	2718

En este cuadro de ejemplo, vemos la cotización al cierre de un activo en los últimos 9 días, de una columna en la que se calcula la media de los últimos 5 días. Apreciamos que el día 6 tomaríamos de nuevo los últimos 5 días; el día 7 de nuevo en los últimos 5 días y así sucesivamente. Este mismo método es el que se utiliza para el cálculo de todas las medias móviles.

Ahora verás su representación gráfica, es una línea sobre el gráfico, como la que te muestro en la siguiente imagen:

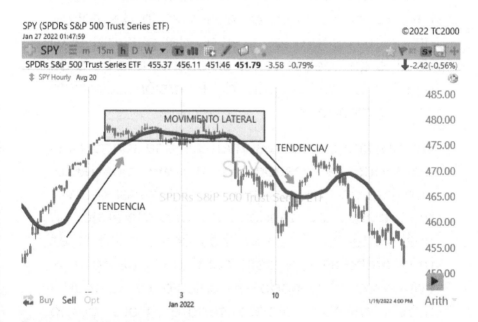

Fuente: www.TC2000.com

Si nos fijamos en la línea roja que es la media móvil, en este caso configuré la media de 20 periodos. Podemos ver que el ruido queda mucho más filtrado. Con ruido me refiero a los movimientos bruscos que puede llegar a hacer el precio y se reflejan en las velas. Los movimientos de la media móvil son más suaves que los propios movimientos del precio. De hecho, en los movimientos laterales —tal y como se aprecia en la imagen— la media móvil apenas se mueve y no es sino hasta cuando comienza la tendencia que esta avanza. Es muy importante destacar que la media móvil siempre lleva retardo porque es el resultado de realizar un cálculo sobre los precios del pasado; esto es algo que debes tener en cuenta a la hora de diseñar tus estrategias de inversión utilizando estos indicadores.

No predicen, solo resumen de una forma más clara qué ha pasado. Su utilidad, por tanto, consiste en que nos ayudan a detectar o a ver más claras las tendencias; considerando un análisis técnico, cuando hay una tendencia es más probable que esta continúe. Cuanto más corto sea el periodo de cálculo de la media móvil, menos retardo tendrá. Pero como contrapartida, incluirá mucho más ruido que aquellas que toman períodos mucho más largos y claro, estas últimas aún toman más tiempo en reaccionar a los cambios recientes del mercado.

¿Cómo configuramos nuestras medias móviles o que períodos de cálculo son mejores?

Pues bien, algo que he aprendido en mis años de experiencia en el mundo de las inversiones y el *trading* es que no hay una media móvil mejor que otra, todas valen y todas son buenas, solo debes comprender con la información que te voy a dar —en este capítulo— cómo usarlas para poder adaptarlas a tu manera de invertir o de hacer *trading.* Quiero destacar que por muchas medias móviles que incorpores al gráfico, nunca conseguirás eliminar el retardo y el ruido simultáneamente. Lo que tienes que hacer es especializarte en determinadas medias móviles, conocerlas en profundidad y acostumbrarte a ellas. Pero ¿cuál elegir? Es bastante irrelevante. Yo me he especializado en las medias de 20, 40, 100 y 200 en específico y las aplico en distintos marcos de hora como veras enseguida. La clave está en comprender que toda media móvil no deja de ser un gráfico de líneas del precio en una temporalidad superior y ahí es donde radica su auténtica utilidad.

Fíjate, una media móvil de un periodo no deja de ser el gráfico del precio trazado como una línea, sin embargo, una de 5 periodos equivale

al gráfico de líneas de multiplicar esa temporalidad por 5, es decir, si estamos en un minuto,
equivale al gráfico de líneas de 5 minutos. Si
fuera el de 60 períodos, sería el gráfico de
líneas de una hora y así sucesivamente. Así
que, para decidir qué media móvil necesitas,
debes definir en qué marco temporal van a
estar tus operaciones o, mejor dicho, qué
contexto temporal quieres que tenga tu
operación. Cuánto crees que deben durar en
función de tu estilo y necesidades. Luego, las
investigas a fondo hasta que las conozcas a la
perfección y esas serán las medias móviles que
mejor trabajen para ti. Tú puedes desarrollar tu
propio estilo de inversiones, por ejemplo, quizá
quieras hacer inserciones para obtener un 20 %
de rentabilidad en tu inversión y para ello, tal
vez uses marcos de tiempo como los de 5 o 15
minutos.

En fin, con las medias móviles tendrás una gran
variedad de opciones de configuración para
definir tu estilo de inversión o tus propósitos.
Pero también tendrás la opción de utilizar las
que ya he desarrollado y funcionan muy bien al
permitirme obtener 100 % o más sobre la
inversión. Claro está que yo no dejo toda la
responsabilidad a la hora de tomar decisiones a
las medias móviles, las combino con otros

indicadores para obtener una mayor confirmación de que lo que voy a hacer.

Tipos de medias móviles

Media móvil aritmética o simple: la hemos estado viendo hasta ahora en los ejemplos y es la que utilizo en todas mis estrategias de inversión. Todos los datos del periodo ponderan por igual, tienen el mismo peso y se le da la misma importancia al primer día que al último, entre los cuales simplemente se saca un promedio. Es la más típica y la más fácil de calcular. Pero también la que actúa con más lentitud a la hora de adaptarse a los cambios más recientes del precio.

Media móvil ponderada: en esta se le da un peso diferente a cada uno de los periodos, priorizando más el último y muchísimo menos los más antiguos. A su fórmula se le asigna un coeficiente frente a cada uno de estos valores, pero no te preocupes mucho por eso, porque ya lo hace la plataforma por nosotros, solo tienes que entenderlas. Esta media móvil es mucho más ágil en reaccionar, lo hace con más nerviosismo ante los últimos cambios recientes del precio: cuando la media móvil simple apenas comienza a doblarse ante un cambio reciente, la ponderada ya se ha doblado.

Media móvil exponencial: su cálculo es un poco más complicado, pero básicamente se toma un valor adicional al periodo seleccionado, es decir, para una media móvil exponencial de 10 períodos se consideran los últimos 11. Esto se hace para minimizar el efecto brusco que se produce al eliminar el primer dato de la serie; a medida que el cómputo avanza, la serie temporal pondera en mucho más porcentaje la vela o precio más reciente, mientras que las demás equilibran a todas por igual. Podríamos decir que equivale a una media móvil simple a la que se le añade un periodo adicional y se pondera mucho más el periodo más reciente.

De nuevo, recuerda, ninguna es mejor que otra, solo debes entender sus diferencias. Pero no pienses que una simple es mucho peor que una exponencial porque actúe con más retardo, como te expuse antes, esa es la que yo utilizo. Todas son útiles si sabes usarlas.

Ahora que sabes más sobre las medias móviles, veamos cómo puedes incorporarlas en tus estrategias de *trading*.

Las medias móviles se consideran que actúan como soportes y resistencias dinámicos, es decir, cuando el precio está en tendencia, actúan como línea de tendencia. En la siguiente imagen puedes apreciar una tendencia a la alza y el cambio de la misma tendencia a la baja. Pero también puedes notar como en la tendencia al alza, cuando el precio se acerca o toca la media de 20 rebota, dando así una buena oportunidad de entrada para *call;* en la tendencia a la baja cuando el precio se acerca o toca la media móvil, esta sirve de resistencia y luego rebota continuando con la tendencia dándonos así una buena oportunidad para entrar en los *put.*

Fuente: www.TC2000.com

Tal y como se muestra en el gráfico, siempre que tengamos el promedio de 20 por encima del de 40 y se visualice de manera ascendente y en forma de canal, significa que estamos ante una tendencia al alza. Lo opuesto ocurre cuando con la tendencia a la baja: encontraremos la media móvil de 40 por encima de la de 20 y se visualiza de manera descendente y en forma de canal, esta descripción es aplicable a todas las temporalidades.

Otra característica de las medias móviles es que tienen la lógica cualidad de atraer al precio, puesto que no dejan de ser una media de este; por el principio estadístico de que todo regresa a su media en algún momento, el precio siempre tiende a acercarse o a tocar cualquier media móvil que haya trazado en el gráfico. A esto lo nombré estrategia del efecto imán, realmente es muy poderosa y combinada con otras —como verás en el siguiente capítulo— son muy efectivas. En la siguiente imagen te muestro cómo se identifica en el gráfico:

Fuente: www.TC2000.com

Podemos aprovechar las dos propiedades antes mencionadas para diseñar nuestros sistemas de *trading*. Una buena manera de hacerlo es identificando patrones del pasado en el marco de tiempo hora y día, que nos arrojen información sobre cómo poder aplicarlas. Este ejercicio me ayudó a desarrollar muchas estrategias y por eso te confirmo su efectividad.

Otra utilidad de estos indicadores es que también nos ayudan a detectar extremos del precio: puesto que todos los datos de una distribución tienden a agruparse en torno a su media, si un fuerte impulso aleja el precio de la media móvil, en algún momento el precio regresará a su media, esto nos ayudará a detectar extremos del mercado. En estos casos es cuando mejor funciona la estrategia del *efecto imán*, es decir, cuando el precio se ha alejado en exceso de su media y puede estar lista la tendencia para realizar una corrección. Cuando el precio está alejado de su media móvil, es muy fácil apreciarlo visualmente y darse cuenta si está sobrecomprado o sobrevendido, en este caso, te recomiendo ratificarlo con el gráfico de *Bollinger bands* para tener una mejor confirmación de sobrecompra y sobreventa.

Las medias móviles también nos pueden ayudar a detectar señales de tendencia. Este es el uso más habitual y posiblemente el que más problemas cause a la gente que quiere delegarle a las medias móviles toda la decisión sobre el estado de las tendencias. Cuando las usemos para esto, debemos tener en consideración qué tipo de media móvil estamos usando: si se trata de una simple el primer aviso de que la tendencia ha llegado a su fin y comienza el cambio a una nueva, es cuando el precio cruza las líneas de media móvil de 20 y de 40 —tal y como viste en la imagen anterior—, los promedios se cruzan. Esto aplica para ambas tendencias a la baja y al alza; si la media móvil es ponderada, se considera que esto ocurre cuando se gira la media; en cambio, con la exponencial ocurrirán las dos cosas a la vez, se gira la media móvil a la vez que la cruza el precio.

En resumen, las medias móviles son los indicadores más sencillos de usar, pero es importante conocer tanto sus limitaciones como sus utilidades. Donde más nos ayudan, es a mantener el contexto de las tendencias en los distintos marcos temporales, detectar los extremos del mercado y cuándo está listo para corregir por encontrarse sobrecomprado o sobrevendido. Recuerda: ninguna media móvil ni parámetro es mejor que otro y por muchos indicadores que incorpores al gráfico, nunca conseguirás atenuar o eliminar del todo sus limitaciones.

CAPÍTULO XII

ESTRATEGIAS

"Las inversiones exitosas consisten en saber gestionar el riesgo, no en evitarlo."

—Benjamin Graham

Antes de adentrarnos a fondo en las estrategias que utilizo y que me han generado rentabilidades extraordinarias, me gustaría comenzar este capítulo hablándote acerca de la disciplina que —a mi entender—, se debe de tener para operar con opciones porque, tal y como verás a continuación, es muy sencillo ganar mucho dinero con estas, pero también es muy fácil perderlo si no se tiene la actitud correcta y un plan de entrada y de salida para cada inversión que hagas.

Nunca inviertas más de lo que puedas permitirte perder. De esta manera realizo mis inversiones y es bastante recomendable. Si tu cuenta es de digamos mil dólares, tus *trades* deberían ser de entre 80 y 120 dólares o sea entre el 8 y el 12 % del total de tu cuenta.

Un error que la gran mayoría de inversionistas comete en sus inicios —me incluyo—, es el de no saber controlar las emociones: después de haber obtenido grandes ganancias como resultado de un buen *trade*, cogen toda esa utilidad y la ponen en la siguiente inversión esperando ganar aún más dinero; en efecto lo hacen y obtienen más capital, lo malo es que se vuelve un mal hábito que va regido por la avaricia y no por la razón.

Algo que he aprendido en mis años de experiencia es que hay algunos *trades* donde por más convincentes y claras que estén todas las señales, a veces no salen. Esto puede ser debido a factores externos como, por ejemplo, alguna noticia inesperada o razones de otra índole que impacten al mercado; si cuando eso ocurre estás dentro de una posición con todo tu capital, es muy posible que lo pierdas de lleno. Esto no es para nada bueno pues todos los días hay muy buenas oportunidades de inversión y, si te quedas sin recursos, pues lo que sucederá es que te perderás todas esas posibilidades.

Por eso te recomiendo que seas muy discipli-nado con el porcentaje que inviertes, no estoy diciendo que no hagas *trades* grandes, pero si quieres hacer una adquisición de cincuenta mil dólares, deberías tener en la cuenta quinientos mil; si esa transacción no saliera bien, tienes suficiente capital para recuperar la cantidad perdida e incrementar tu cuenta con ganancias potenciales futuras que vendrán de la mano con las oportunidades que ocurren casi a diario.

Dicho esto, otro elemento a considerar es tener claro un punto de entrada y uno de salida: una vez que estés listo para abrir una posición porque se están cumpliendo todos los patrones de la estrategia, es muy importante también definir qué porcentaje sobre tu inversión esperas ganar. En la mayoría de las estrategias que verás a continuación, los rendimientos suelen ser del 100 % —muchas veces de más—, por lo que en lo personal defino mi punto de salida cuando la posición haya llegado al 100 % sobre mi inversión y la programo para que se ejecute de manera automática: una vez que toca este punto la venta se ejecuta sola.

Estos casos muchas veces suelen ocurrir en cuestión de minutos u horas, pero también puede pasar que no llegue al 100 % durante ese día. Si al siguiente día el precio del subyacente de tu contrato de opción amanece con un salto y tu *strike price* está en *in the money*, por ejemplo, en la apertura del mercado es del 400 %, pues a este precio se va a ejecutar la orden y no al 100 % que lo habías programado, por lo que estarías ganando cuatro veces sobre tu inversión. Esto sucede mucho en los inicios de las tendencias tanto alcistas como bajistas.

ESTRATEGIAS

Estrategia 1

Cambio de tendencia al alza, *Bollinger bands*, marco de tiempo hora.

Requisitos:

1. Trazar una línea de tendencia de trayectoria del precio bordeando levemente por encima la mayor cantidad de puntos posibles de la tendencia bajista.

2. Que el precio rompa esta línea de tendencia (como se observa en la imagen #1).

   Nota: Esto puede ocurrir durante el día o en forma de salto.

3. Que el precio rompa la media móvil de 20 periodos en dicha temporalidad y termine con una vela de confirmación alcista.

4. Cambiar a la temporalidad 15 minutos, y la tendencia debe mostrarse totalmente alcista (imagen #2).

5. Cuando se cumplan todos estos requisitos tomar una posición en *call*.

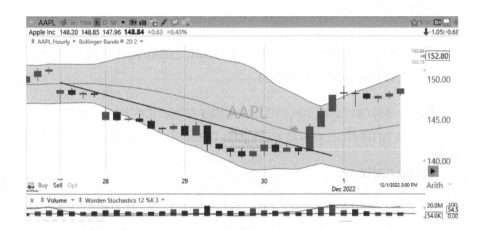

Imagen #1

Imagen #2

Estrategia 2

Cambio de tendencia a la baja, *Bollinger bands*, marco de tiempo hora.

Esta estrategia reúne casi los mismos requisitos de la anterior, pero en este caso a la baja.

Requisitos:

1. Trazar una línea de tendencia de trayectoria del precio bordeando levemente por debajo la mayor cantidad de puntos posibles de la tendencia alcista.

2. Que el precio rompa esta línea de tendencia (como se observa en la imagen #3).

   NOTA:Esto puede ocurrir durante el día o en forma de salto.

3. Que el precio rompa la media móvil de 20 periodos en dicha temporalidad y termine con una vela de confirmación bajista.

4. Cambiar a la temporalidad 15 minutos y la tendencia debe mostrarse totalmente bajista (imagen #4).

5. Cuando se cumplan todos estos requisitos tomar una posición en *put*.

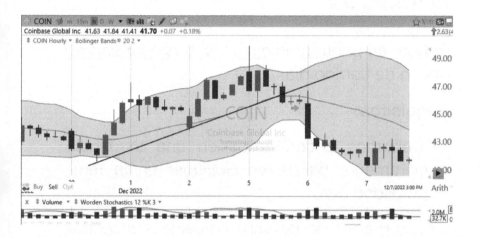

Imagen #3

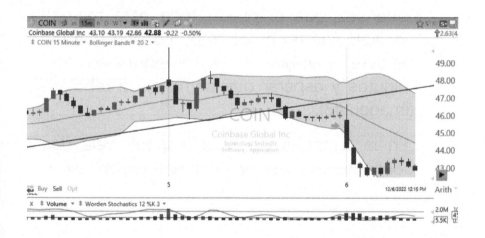

Imagen #4

Estrategia 3

Rebote en punto medio al alza. *Bollinger bands*, marco de tiempo día.

Requisitos:

1. Debemos encontrarnos en una tendencia claramente bajista en *Bollinger* en la temporalidad hora.

2. Los precios deben venir en caída acercándose a la media móvil de 20 periodos, la cual tenemos marcada con una línea como referencia de nuestro punto de rebote (imagen #5).

3. Una vez que el precio toca esta marca verificar que no cruce el punto sino que lo respete, cambiar a la temporalidad 15 minutos y esperar que comience a rebotar (imagen #6).

4. En la temporalidad hora, esperar vela de confirmación alcista y tomar entrada en *call*.

Imagen #5

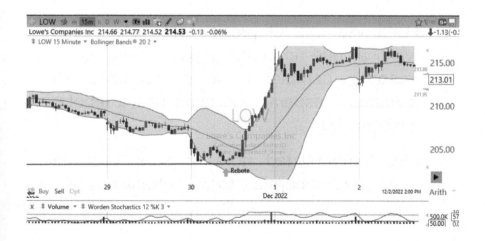

Imagen #6

Estrategia 4

Rebote en punto medio a la baja. *Bollinger* diario.

Esta estrategia es muy similar a la anterior pero en este caso a la baja.

Requisitos:

1. Debemos encontrarnos en una tendencia claramente alcista en Bollinger en la temporalidad hora.

2. Los precios deben venir en subida acercándose a la media móvil de 20 periodos, la cual tenemos marcada con una línea como referencia de nuestro punto de rebote (imagen #7).

3. Una vez que el precio toca esta marca verificar que no cruce el punto sino que lo respete, cambiar a la temporalidad 15 minutos y esperar que comience a rebotar (imagen #8).

4. En temporalidad hora, esperar vela de confirmación bajista y tomar entrada en *put*.

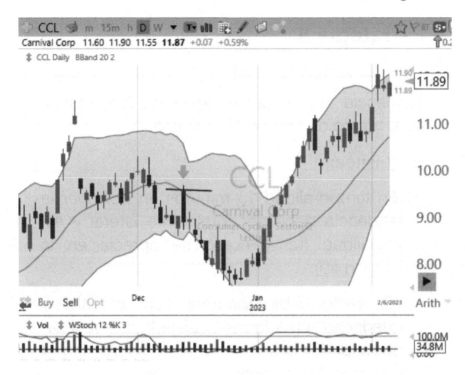

Imagen #7

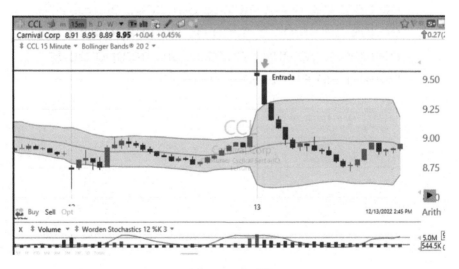

Imagen #8

Estrategia 5

Tendencia lateral, precio fuera de *Bollinger* al alza, marco de tiempo 15 minutos.

Requisitos:

1. En temporalidad 15 minutos en *Bollinger* la tendencia debe ser totalmente lateral y sin volatilidad (tal y como se aprecia en la imagen #9).

2. El precio debe aperturar con un salto y quedar extremadamente alejado del obscilador superior, o sea en zona de sobrecompra y observar que comience a bajar.

3. Una vez que se cumplen estos requisitos la compra de los contratos *put* debe ejecutarse en los primeros 5 minutos de la apertura del mercado, ya que pasado este tiempo podría quedar sin efecto la estrategia.

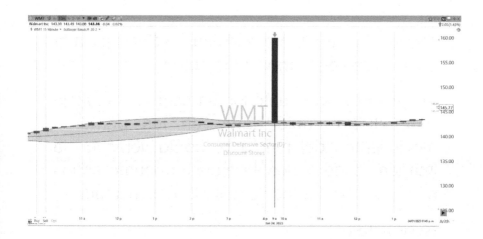

Imagen #9

NOTA: Es recomendable comenzar el análisis de esta estrategia unos minutos antes de la apertura del mercado para saber que el precio abrirá con un considerable salto a la alza con respecto al precio de cierre del día anterior.

Estrategia 6

Tendencia lateral, precio fuera de *Bollinger* a la baja, marco de tiempo 15 minutos.

Al igual que en la anterior, en esta estrategia la rentabilidad suele darse en los primeros movimientos del mercado; como verás en la imagen , todo el desplazamiento ocurrió en los primeros 15 minutos de que abrió el mercado.

Requisitos:

1. En temporalidad 15 minutos en *Bollinger* la tendencia debe ser totalmente lateral y sin volatilidad (tal y como se aprecia en la imagen #10).

2. El precio debe aperturar con un salto y quedar extremadamente alejado del obscilador inferior, o sea en zona de sobreventa y observar que comience a subir.

3. Una vez que se cumplen estos requisitos la compra de los contratos *call* debe ejecutarse en los primeros 5 minutos de la apertura del mercado, ya que pasado este tiempo podría quedar sin efecto la estrategia.

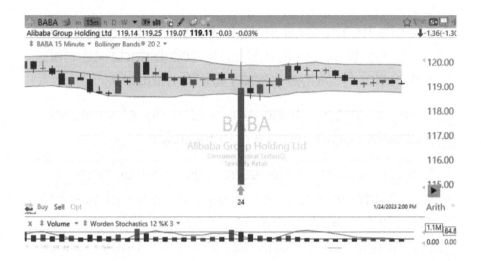

Imagen #10

NOTA: Es recomendable comenzar el análisis de esta estrategia unos minutos antes de la apertura del mercado para saber que el precio abrirá con un considerable salto a la baja con respecto al precio de cierre del día anterior.

Estrategia 7

Efecto Imán, tendencia bajista, media móvil 20 y 40 en temporalidad hora combinada con el indicador *Bollinger bands* en 15 minutos.

Esta estrategia tiene un poder de efectividad increíble como verás a continuación.

Decidí bautizar esta estrategia con el nombre de **efecto imán**, porque una vez que el precio se aleja mucho de la media móvil de 20 periodos, este regresa siempre hacia ella, entonces la media se convierte como en una especie de imán que atrae el precio muy rápidamente.

Requisitos:

1. Debemos encontrarnos en una tendencia claramente bajista, es decir debe llevar varios días bajando.

2. El precio debe abrir con un fuerte salto a la baja y quedar muy alejado de la media móvil de 20 periodos (imagen #11).

3. En *Bollinger* en temporalidad 15 minutos la primera vela debe quedar completamente fuera del obsilador (imagen #12).

4.Cuando se comience a formar la vela en indicador volumen, deberá cruzar la línea roja del indicador *worden stochastics*, esa sería la confirmación de compra compra de contratos *call*.

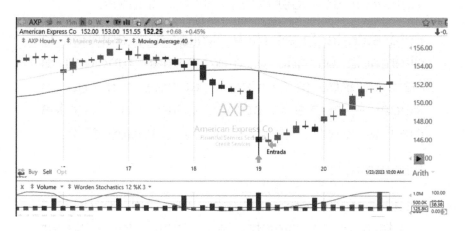

Imagen #11

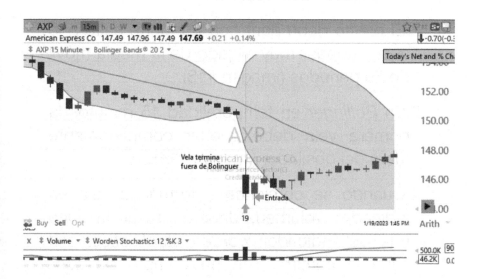

Imagen #12

Estrategia 8

Efecto Imán, tendencia alcista, media móvil 20 y 40 en temporalidad hora combinada con el indicador *Bollinger bands* en 15 minutos.

Esta estrategia es muy similar a la anterior, la diferencia es que el efecto imán funciona al alza: cuando la tendencia al alza comienza a fatigarse, el precio corrige y viene a tocar las medias móviles de 20 periodos (imagen #13).

Requisitos:

1. Debemos encontrarnos en una tendencia claramente alcista, es decir debe llevar varios días subiendo.

2. El precio debe abrir con un fuerte salto a la alza y quedar muy alejado de la media móvil de 20 periodos (imagen #13).

3. En *Bollinger* en temporalidad 15 minutos la primera vela debe quedar completamente fuera del obsilador (imagen #14).

4. Cuando se comience a formar la vela en indicador volumen, deberá cruzar la línea roja del indicador *worden stochastics*, esa sería la confirmación de compra de contratos *put*.

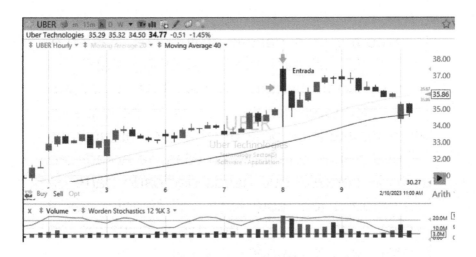

Imagen #13

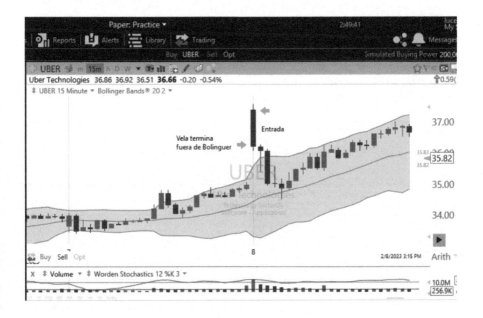

Imagen #14

Te invito a que, si deseas profundizar más en el mundo de las inversiones de alta rentabilidad en muy corto tiempo, te inscribas a nuestro *Seminario Aprendiendo a Invertir* o me sigas en las redes sociales para muchas actualizaciones de inversiones que hago en ellas. Te agradezco de todo corazón que hayas dedicado parte de tu tiempo a leer este libro, mil bendiciones y espero verte en uno de mis seminarios de inversiones para conocerte en persona.

*"Un idiota con un plan
puede vencer a un genio
sin un plan".*

— Warren Buffett

TESTIMONIOS

En la primera impresión de mi libro lancé mi empresa *Investep Academy*, la cual está destinada a enseñar a la comunidad hispano-hablante de Estados Unidos y Latinoamérica a apalancarse de este maravilloso vehículo financiero que transformó mi vida por completo.

En ese momento yo era la única prueba de que mis estrategias y mi metodología funcionaban. Ahora me siento muy orgulloso de que en tan solo 2 años, hemos impactado más de 15,000 personas gracias a mis conferencias, y de que mi comunidad, de más de 4000 personas, ha tenido resultados contundentes y hoy son un testimonio de que esta metodología funciona.

Como todo en la vida, el éxito se trata de pequeñas y constantes acciones que, mul-tiplicadas en el tiempo, gracias al efecto compuesto, terminan dando un resultado extraordinario.

En mi comunidad de estudiantes comenzaron con 30 *trades* a la semana con intentos de rendimientos. Los estudiantes estaban en el proceso de aprender a hacerlo correctamente y adueñarse del conocimiento, poco a poco esos resultados comenzaron a cambiar, 6 meses después los estudiantes estaban haciendo 350 *trades* mensuales con un rendimiento de

956,929 dólares. El siguiente mes 463 *trades* y un rendimiento de 2,088,012 dólares. Básicamente duplicando los ingresos obtenidos. Sin embargo, eso no fue suficiente, tan solo los primeros 5 días de diciembre, se hicieron 87 *trades* obteniendo un total de rentabilidades de 2,910,542 dólares.

Como puedes ver, cada vez los *trades* implicaban mayor rendimiento. Menos esfuerzo por más dinero.

Más de 250 personas han alcanzado su meta de generar su primer millón de dólares apalancándose de este conocimiento e, incluso, algunos han hecho cambios radicales en su vida, gracias a quienes se convirtieron en el proceso.

Ellos no son diferentes a ti, no son seres fuera de serie y con habilidades superdotadas, son solo personas como tú y como yo queriendo tener una vida distinta y dispuestos a pagar el precio para conseguirlo.

A continuación te enseñaré a leer una orden de compra y venta. Así es como se ven las órdenes para emitir tu inversión. Poder entenderlas nos permite visualizar el rendimiento y el tiempo que le tomó darnos la rentabilidad.

Para mí, lo más importante es que veas los resultados de mis estudiantes y te veas en ellos porque también es posible esto para ti.

COMPRA

FILLED
02/14/23 10:12 A. M.

ira
SPY 100 14 FEB 23 (0) 411 P
2.50
+100
BUY MKT

#1631960827

TRADE FILLS

Time ⚙	Qty	Price	Net Price
02/14/23 10:12 a....	+100	0.36	0.36

AVERAGE FILL PRICE +100 @ 0.36

VENTA

FILLED
02/14/23 10:47 A. M.

ira
SPY 100 14 FEB 23 (0) 411 P
2.44
-100
SELL MKT

#1632042928

TRADE FILLS

Time ⚙	Qty	Price	Net Price
02/14/23 10:47 a....	-100	2.0	2

AVERAGE FILL PRICE -100 @ 2.00

En la parte superior izquierda de la orden de compra nos indica la fecha y hora en la que se emitió. En este caso fue a las 10:12 a. m. (es importante mencionar que el horario de compra siempre se ajusta la zona horaria en la que te encuentres, sin embargo, el mercado sigue abriendo y cerrando a su hora normal, regida por el huso horario del este de los Estados Unidos). La etiqueta SPY nos indica que la orden se emitió en el ETF del S&P500 en el *strike price* 411 con fecha de vencimiento del 14 de febrero del 2023. La P significa que la compra fue hecha en *put*, es decir, con la idea de que el precio del activo caiga.

En la tabla inferior se puede ver que se compraron 100 contratos a 36 dólares. Debemos recordar que aparece como 0.36, porque cada contrato encierra 100 acciones. En total se hizo una inversión de 3,600 dólares.

En la siguiente imagen tenemos una orden de venta donde podemos comprobar que es la misma información, a diferencia de la hora de venta, que fue a las 10:47 a. m. y el precio de venta en la tabla inferior que fue de 200 dólares dando un total de 20,000 dólares.

Tomando en cuenta que se invirtieron 3,600 tenemos una utilidad de 16,400 dólares y una rentabilidad del 455 % en 30 minutos. Este testimonio es de uno de los estudiantes de la comunidad llamado Juan David.

Si analizamos lo que un banco normalmente da de rendimiento al invertir tu dinero, es por mucho un 10 % anual. Te prohiben sacar tu dinero cuando quieras, dependes de ellos completamente y tienes que cumplir con sus términos. Gracias a este vehículo, Juan David logró ahorrarse más de 45 años si hubiera invertido su dinero en el banco, obteniéndolo en tan solo 30 minutos.

Analicemos otros testimonios a continuación:

COMPRA

FILLED
08/02/23 11:54

LYFT 100 (Weeklys) 10 FEB 23
(0) 15.5 P
+10
BUY MKT

#1629098661

TRADE FILLS

Time ⚙	Qty	Price	Net Price
08/02/23 11:54	+10	0.56	0.56

AVERAGE FILL PRICE   +10 @ 0.56

VENTA

FILLED
10/02/23 8:31

LYFT 100 (Weeklys) 10 FEB 23 (0) 15.5 P
-10
SELL @.99 LMT GTC

#1629309046

TRADE FILLS

Time ⚙	Qty	Price	Net Price
10/02/23 8:31	-10	4.55	4.55

AVERAGE FILL PRICE   -10 @ 4.55

Fecha de compra: 8 de febrero de 2023 a las 11:54 a. m.

Compañía: LYFT

Cantidad de contratos: 10

Precio de compra: 56 dólares

Inversión inicial: 560 dólares

Fecha de venta: 10 de febrero de 2023 a las 8:31 a. m.

Precio de venta: 455 dólares

Retorno de inversión: 4,550 dólares

Utilidad: 3,990 dólares

Rentabilidad: 712.5 % en 11 horas y 35 minutos (El tiempo se contempla conforme al mercado, es decir, que si este estuvo cerrado, son horas en que la operación no estuvo en movimiento).

Estudiante: Zuzzette

A continuación te mostraré mis operaciones recientes:

COMPRA

VENTA

Fecha de compra: 24 de enero de 2023 a las 10:07 a. m.

Compañía: AMZN

Cantidad de contratos: 150

Precio de compra: 86 dólares

Inversión inicial: 12,600 dólares

Fecha de venta: 25 de enero de 2023 a las 9:33 a. m.

Precio de venta: 232 dólares

Retorno de inversión: 34,800 dólares

Utilidad: 22,200 dólares

Rentabilidad: 176 % en 5 horas y 56 minutos (El tiempo se contempla conforme al Mercado, es decir que si el mercado estuvo cerrado, son horas que la operación no estuvo en movimiento).

COMPRA   VENTA

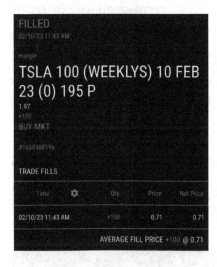

Fecha de compra: 10 de febrero de 2023 a las 11:43 a. m.

Compañía: TSLA

Cantidad de contratos: 100

Precio de compra: 71 dólares

Inversión inicial: 7,100 dólares

Yoel Sardiñas

Fecha de venta: 10 de febrero de 2023 a las 12:04 p. m.

Precio de venta: 159 dólares

Retorno de inversión: 15,900 dólares

Utilidad: 8,800 dólares

Rentabilidad: 123 % en 21 minutos (El tiempo se contempla conforme al mercado, es decir que si este estuvo cerrado, son horas que la operación no estuvo en movimiento).

Cómo puedes ver, hay operaciones más rápidas que otras, pero ninguna toma más de una semana en darse. Las estrategias te permiten obtener más del 100 % cuando todos los requisitos se cumplen y es fácil apalancarte de ellas.

Yo manejo varias cuentas a la vez, las divido según el plan que voy a implementar en cada una de ellas. Esta es solo una de mis cuentas.

Estas son algunas pruebas de las cuentas de mis estudiantes y a donde las han llevado, hay muchas más, pero solo me interesa que lo veas posible para ti.

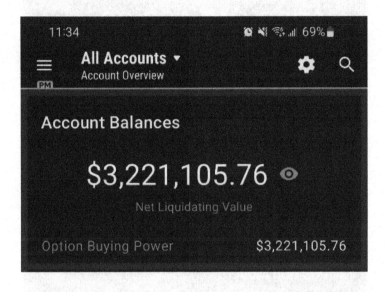

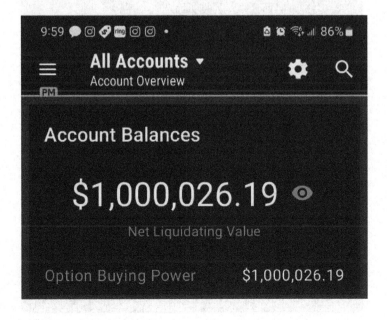

☰ **All Accounts** ▼   ⚙   🔍
     Account Overview
PM

Account Balances

$293,640,198.39 👁

Net Liquidating Value

Option Buying Power	$293,640,198.39
Stock Buying Power	$293,735,520.96

9:51   .ıl 🛜 92

margin ▼   ⚙   🔍

My Position Movers   ›

29.48% P/L Day   ⓘ

TSLA	$243,124.00	AMZN	$80,011.00	MSFT
▲ (2.4204) 199.2304		▼ (-1.84) 100.27		
$0.00		$0.00		

Account Balances   ›

$1,041,809.74 👁

Net Liquidating Value

Option Buying Power $1,041,809.74

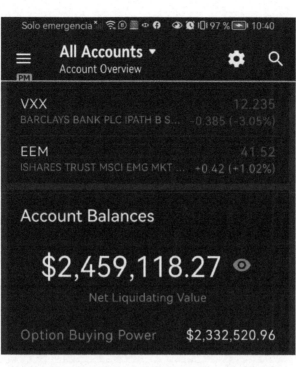

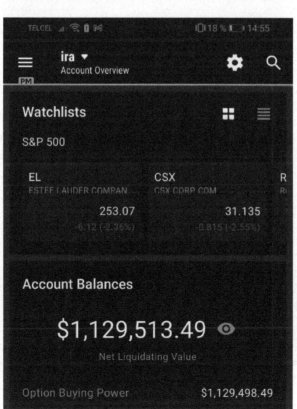

Libia Solis

Woww, muchas felicidades a todos los que ya han logrado la meta y por mucho también superarla, todos son una gran gran inspiración junto con nuestro amado mentor YOEL, ahora sí me siento en el horno con muchas palomitas que todos si o si tronaremos, gracias por compartir tanto valor, me siento muy afortunada de ser parte de esta hermosa comunidad, éxito a todos!!!

  ❤️ DT

18:48

Ingrid Santeliz

Comunidad SAAI!
Amado Yoel!!
Gracias a todos ustedes por estar aquí, por aportar tanto desde cada espacio y desde sus experiencia personales!!
Aquí una clase es más potente que la anterior!!
Somos espejos unos de otros!
Todos podemos!!!
Vamos por ello 💪💪💪
Feliz y Extraordinario Fin de Semana 🤩
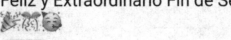

  ❤️ 10

11:25

Client requested electronic funding disbursement (funds now)   -$3,266.00

12:54pm ET 2/10/2023

Transaction ID

Settlement Date   2/13/2023

Primer retiro 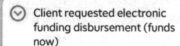 Hoy les quiero compartir el retiro de la cuenta Real gracias comunidad SAAI gracias Yoel por tu información, por tu educación , y por tus clases día a día han podido cambiar mi situación y mi mentalidad. Nunca paren de creer y mucho menos de intentarlo es completamente posible, y todos somos merecedores del éxito y la abundancia!

 15   15   10   9

↩ 5 11:57

50% con GOOG en REALLLL🖤🖤
🖤🖤🖤🖤.. Gracias yoel, gracias
Saai Gracias soporte, gracias
Andres,gracias comunidad... 〰〰〰🎺

🖤 5   🔥 4   👍 1

09:10

Aprendiendo y poniendo en práctica lo
ya aprendido..

09:11

Compañeros!! Quiero compartir mi
alegría, no se como explicar esta
sensación pero estoy muy feliz 😄
😄 gracias a todos, gracias Yoel,
muchas gracias

🔥 23   🖤 6   👏 6

↩ 6 14:58

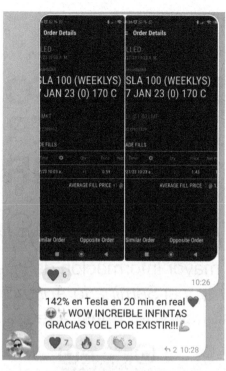

142% en Tesla en 20 min en real 🖤 😵‍💫✨WOW INCREIBLE INFINTAS GRACIAS YOEL POR EXISTIR!!!💪

🖤 7   🔥 5   🫶 3

↩ 2 10:28

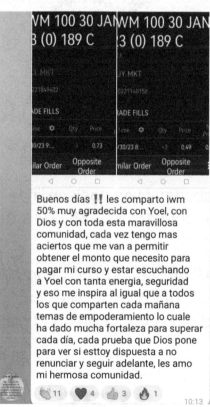

Buenos días ‼️ les comparto iwm 50% muy agradecida con Yoel, con Dios y con toda esta maravillosa comunidad, cada vez tengo mas aciertos que me van a permitir obtener el monto que necesito para pagar mi curso y estar escuchando a Yoel con tanta energia, seguridad y eso me inspira al igual que a todos los que comparten cada mañana temas de empoderamiento lo cuale ha dado mucha fortaleza para superar cada día, cada prueba que Dios pone para ver si esttoy dispuesta a no renunciar y seguir adelante, les amo mi hermosa comunidad.

🫶 11   🖤 4   👍 3   🔥 1

10:13

EL SECRETO DE APRENDER A INVERTIR

Para mayor información de *Investep Academy* y el *Seminario Aprendiendo a Invertir* síguenos en nuestra redes sociales.

@yoelsardiñasoficial

Website: www.yoelsardiñas.com
Contacto: +1 786 603 1395

De Yoel Sardiñas, se terminó de imprimir en marzo del 2024 en México.
Esta edición consta de 5000 ejemplares.

was
editorial